打开科学坚壳，领略文学之美

文学大师给你讲科普故事

奥秘卷

总策划／邢　涛　　主　编／龚　勋

Masters of World Literature Inspire the Children's Minds

浙江科学技术出版社

前言

每一个星球都有神秘奇妙的故事，每一寸土地都是缤纷多彩的世界，每一个生命都演绎着不朽的传奇……它们构成了生动有趣的科学世界。读过本书，你会发现科学原来无处不在！研究科学的过程是如此快乐！我们生活的世界是如此新奇、美妙！

这是一套比故事书更有趣的科普读物。书中精选了世界顶级文学大师的经典名作，他们用生动清新的笔墨，将一个个与科学有关的故事描绘得妙趣横生，令人欲罢不能。为适应中国读者的阅读习惯，编者对原著进行了改写。在这里，科学不再是晦涩难懂的术语、抽象的定理和公式，而是拥有灵魂的星球、奇险美妙的大自然、充满丰富感情的动植物、鲜活有趣的历史、藏着无数秘密的岩石……

这套书将为你打开科学的大门，展现天文、地理、物理、化学、生物、历史等诸多领域的秘密。在这里，你不仅能探索世界的无穷奥秘，领略科学世界的绮丽风光，还能进入生物的内心世界，感受自然界的趣味以及生命的真谛。

下面，就让我们跟随这套奇特的丛书，去神秘、有趣的科学世界探险吧！

目录

岗哨

[英国] 阿瑟·克拉克

当你再次看到挂在天空南部的满月时，请仔细观察月亮右侧的边缘。只要你的视力正常，凌晨2点左右的时候，你就会注意到那儿有一个黯淡的小小椭圆形。没错，那是一片群山环绕的大平原，是月球上景色非常壮丽的地方。它被称为“危海”，顾名思义，是危险之海。它的直径长达300英里，周围被巍峨的环状山脉包围着。这个地方充斥着神秘、危险的味道，考察团从来不敢、也无法进入。直到1996年夏末，我们才进入那片平原进行考察。

我们的考察团设备很先进：两架重型运输机为我们从月球中心基地（基地位于500英里外的静海）运来补给品和设备；三个小型火箭——在月面车无法通过的路段，用作短程运输。

幸运的是，危海大部分地区地形都比较平坦，月球上其他区域普遍存在的危险大罅隙，这里一个也没有；大大小小的陨石坑和山峦也几乎没有。就现在来看，我们想去哪儿，高功率的履带牵引车就能把我们送到哪儿。

至于我，我的身份是地质学家，或者所谓的月球学家，如果你喜欢较真儿的话。危海南部的考察组由我领导。大约10亿年前，这还是一片古代海洋，现在海洋已经干涸，我们行走的路线，就是曾经的海岸线。我们走过这儿，又绕过丘陵，大约一星期后，我们走过了危海南部大约100英里的路程。

看来，当地球上的生命刚开始形成的时候，这里的生物已经开始走向灭绝了。在那个时代，高耸的悬崖一侧，水位一直在慢慢下降，注入月球空空的内壳中。我们在月球上考察的时候，常常能看到已经干涸的海洋，据推测，有的地方深度可达半英里。现在唯一能证明这里曾存在水的证据，就是几个阴暗洞穴中残存的一点点白霜。

月球的黎明总是姗姗来迟。我们在清晨出发，到黄昏降临的时候，地球时间已经过去了几乎一星期。每天下午，我们穿着太空服下车去寻找有趣的矿物，或者竖起一些标志，为未来的太空旅行者指路。这样的工作，一下午要做五六次。工作并没有什么难度。说起月球探险，其实并没有什么危险和波折。我们可以舒舒服服地在增压牵引车里住上一个月，如果遇到麻烦，随时可以用无线电求助，然后只要耐心等着飞船来营救我们就是了。

在月球上，谁也不会看腻那些令人惊奇的高山，它们比地球上的山峦要险峻多了。当我们绕过远古海洋的岬角时，谁也不知道会有什么壮丽的新景观出现在我们面前。在危海的南部，有一片新月形地带，那里曾经是一片广阔的三角洲，一度有20多条河在那儿注入海洋。这些河的水流可能来自大暴雨。在月球年轻时期，曾有一段短暂的火山时代，在那个时代，倾盆大雨是很常见的，它一定冲刷过许多山峦。每看到一条河谷，我们就会感受到莫大的诱惑，不禁想爬上对面未知的高地去一览究竟。可是，我们还有100多英里的路要走，只能忍痛舍弃这些骚动的念头。

在牵引车里，我们使用的是地球时间。地球时间22时整时，我们把无线电信息又一次发射给基地，这一天的工作就结束了。牵引车外，太阳几乎还在中天，岩石在阳光下仍然灼灼发烫。可是，对我们来说，这已经是夜晚了，我们需要入睡，而在8小时后，我们又会像在地球上一样按时醒来。到了清晨，我们中的一人要做早餐，有人拿出电动剃须刀发出"嗡嗡"的声音，还有人会打开收音机接收来自地球的电波。这一切是那么平常，当油煎香肠的香味飘散在牵引车舱室里时，我们几乎觉得自己就在地球上的家里——一切都那么熟悉，跟在家里时一样——除了感受到自己的体重减轻，还发现物体落地时变得慢吞吞的。

这天，轮到我用主舱角落里的厨房做早餐。时隔多年，记忆中的那一刻仍旧历历在目，因为那时，无线电刚刚播了一首我最爱听的曲子——古老的威尔士歌曲《白岩石的戴维》。我们的司机已经穿好太空服，出舱去检查牵引车的履带了。我的助手路易斯·加尼特坐在控制室中，在昨天的考察日志上补充一些记录。

我呢，则像地球上任何一个家庭主妇一样，站在油煎锅旁，一边等着锅里的香肠变酥，一边悠闲地看着舱外覆盖着整个月球南部地平线的山峦。那山峦像一堵高墙一样，在月球的半月形地带前，沿东西方向延伸，一直消失在视野中。看上去，这些高山离牵引车也就两三英里，但我知道，实际上，最近的山也在20英里之外。在月球上，从来不会因为距离遥远而看不清远方东西的细节——完全不存在地球上那种不易觉察的雾气造成的模糊和变形。

那些山峦足足有1万英尺高，它们挺立在平原上，似乎是古代的熔岩突然冲出地壳升入空中后凝固而成的。月球是个挺小的世界，山峦又特别高，所以从我这儿看上去，离那儿似乎只有2英里的距离。望着这些从未有人攀登过的山，我暗想：它们在地球人到来之前，就见证了这个世界的海洋缓慢枯竭，乃至慢慢丧失了生命和复苏的指望。阳光刺眼，像火焰一样灼烧着那群山峦。然而，就在它们上方的天空中，在比地球冬夜更加漆黑的夜空中，星辰发出稳定的光芒。

当我转身要离开的时候，突然瞥见危海中央向西突出30英里处的大岬角上，有个金属物体在高空中发出灿烂的光芒。那只是一个闪光点，就像山峰上落了一颗明星。我想，那是太阳照在某块平滑的岩石上所反射出来的光芒吧。这并不稀奇，当月球处于它公转轨道的第二个四分之一的路程时，地球上的观察者有时可以看到，月球风暴海的大山脉闪着蓝白色的荧光。那是山坡反射着阳光，把这光辉从一个世界传递到了另一个世界。

但令我纳闷的是，我看到的那明亮的光芒，究竟是由哪一种岩石反射出来的呢？我赶紧爬进观察塔，把望远镜旋转过来，对准西方那个闪光点。但是，观察结果更让我着急了——那山峰看上去既清晰又突出，似乎只有半英里之遥，但是那个闪光点究竟是什么东西，还是小到看不清。那山峰的顶部好像是平的，上面的那个小物体看上去有一种极致的对称美。我目不转睛地盯着这个神秘的发光体，几乎出了神。直到一阵焦味传来，我才猛然惊醒：我们的早餐香肠已经随着月球转动，旅行了25万英里！

上午我们在穿越危海的时候，就一直在争论。西方的山峦仿佛更高大了，直入天庭。我们在穿着太空服探矿的时候，也没有闲着——用无线电继续议论着。我的伙伴坚持认为，月球上从来没有智能生物，这是毫无疑问的。在月球上生存过的生物，只是一些原始植物而已。其实我像所有人一样了解这种理论，不过有的时候，科学家得有勇气去当一个傻瓜。

“听着，”我说，“我一定要到那上面去，否则就会一直惦记着。那座山还不到12000英尺——如果换算成地球的引力，它的高度只相当于2000英尺而已。在平原上，只用20小时就能徒步走完这段路。反正我早就想上去看看了，这次正好有了一个理由。”

“如果你没摔死，”加尼特嘲讽地说，“等咱们回到基地，你就会成为整个考察团的笑柄。那么，以后那座山的名字也许就变成‘威尔逊傻瓜山’了。”

“才不会，”我说，“你忘了爬上皮科山和赫利山的是谁吗？”

“但那时候你是不是比现在年轻得多呢？”路易斯亲切地问我。

“说到这个，”我得意地说，“我就更得证明自己喽！”

那天傍晚，我们开着牵引车到了半英里内的一个岬角，早早睡觉了。第二天一早，加尼特跟我一起出发。他是个优秀的登山运动员，过去经常跟随我进行各种开拓性的探险。我们的司机呢？他则巴不得留在这里看管牵引车。

乍看上去，那些悬崖似乎无法攀登，但对任何有攀高经验的人来说，在这个引力只有地球六分之一的世界中，爬山完全不成问题。在月球上登山，最危险的是我们过于自信：在月球上，从600英尺的地方摔落，仅仅相当于在地球上摔落100英尺——但这高度完全可以让人丧命。

在离平原大约4000英尺的地方，有一个宽阔的岩架，我们在这进行了第一次休息。攀登倒不困难，但是我不太适应月球上的登山运动，手脚有些发僵，倒也乐得休息。在这里，我们能看到牵引车停在悬崖下，看上去就像只金属昆虫一样。我们向司机报告了现在的情况后就开始继续攀登。

太空服的制冷系统抵御着外面猛烈的阳光，带走了身体发散出来的热量，所以太空服内部非常凉快。我俩几乎不说话，只是互相传递一下登山用具，偶尔确定一下最佳路线。

我不知道加尼特在想什么，他也许在想，这是他所做过的最疯狂的徒劳搜索。我基本也这么认为，但是爬山这种活动有着无穷的乐趣，当意识到这条路完全没人走过，眼前的景色逐渐变得开阔，也就足以补偿所有的辛苦。

当我距离那座由山峰组成的墙仅仅30英里的时候，我用望远镜观察着它，并没感到特别兴奋。它比我们的头顶高了大约50英尺，那个吸引我攀登险峰的东西，就在那上面的平顶高原上。我几乎可以肯定，那东西很可能是一块石头，被某块远古陨石击裂后，那断裂面在这没有腐蚀的星球上仍然鲜亮发光。

岩石表面并没有能用手抓住的地方，我们只能用铁爪锚来攀登。我挥舞着三叉金属锚，在头顶盘旋一阵儿，然后抛向了上空。这时，我疲惫的胳膊仿佛又恢复了力气。第一次，铁爪锚并没抓牢，我拉回了绳子，再次抛出去。这次，铁爪紧紧地扣住了，我们俩的体重加在一起，它都不会脱落。

加尼特焦急地看着我。我知道他想先上去，但我透过头盔的玻璃对他一笑，摇了摇头。我不慌不忙地开始攀登这段最后的山。

即使穿着沉重的太空服，我在月球上大概也只相当于40磅重。所以我两只手交替抓着往上攀登，干脆不用双脚配合了。直到攀登到了平顶的边缘，我才停了下来，向我的伙伴挥手示意。然后，我爬上去，站立起来凝视着前方。

你要知道，直到此刻，我还没有完全放弃在这里发现稀奇之物的希望。之所以这样说，是因为我心中还有一分猜疑和期待，正是这一分猜疑和期待驱使我来到这儿。

喏，那东西现在已经很清晰地在那儿了，可是我心中的疑惑才刚刚开始呢！我站在高原上，离那东西大概有100英尺远。这片高原曾经应该是十分平滑的，可是各种陨石的袭击，让它变得坑坑洼洼的。我看到的那东西有个反光的平面，整个物体看上去是个金字塔的结构，大概有两个人那么高。它像一颗巨大的多棱面钻石一样，坐落在岩石上。

刚看见它的几秒钟，我心里压根儿没什么感情。紧接着，我开始激动万分，内心充斥着一种无法表达的快乐！我爱月球，现在我终于知道：亚里斯塔山和伊雷托思恩山的地衣并不是月球年轻时期存在的唯一生物！首批探险人员的梦想虽然被人怀疑，但他们那时的梦想是真实的！月球文明真的存在过——而我，是发现这一文明的第一人！我到月球上来，或许太晚了，但这并没让我感到懊恼，毕竟我现在来了，这就够了。

激动后，我的大脑开始正常运转，我开始分析这个东西到底是什么。这是一座建筑物，一座神殿，或者是地球语言无法描述的某种建筑？如果它是一种建筑物，那为什么要建在如此难以到达的地方？我思量着，这是不是一座类似庙宇的东西，我甚至想象到某些祭司正在呼唤神灵保佑他们，因为那个时候的智能生物已经看见月球上的一切生物随着海洋的枯竭正在走向灭绝——当然，这种呼唤和祈祷也只是徒劳。

我又向前走了十几步，想更仔细地观察它。谨慎起见，我又不敢走得太近。我懂一点考古学，就用这点知识来初步推测这一文明的水平。在古代，一定是这种文明削平了山峰，又创造了这个至今仍让我头晕的反光物体。

我猜这可能是古埃及人干的，如果他们的工匠拥有制造这东西的材料的话。那东西不算大，我不敢想象它可能出自某种比人类更先进的种族之手。“月球一度拥有智慧生物”这种想法对现在的我来说仍然有点无法接受。突然，我注意到一个问题，这几乎让我的头发都竖了起来。这问题非常不起眼，大多数人压根儿不会注意它。我说过，这片高原被大大小小的陨石袭击后变得伤痕累累，高原上还有几英寸厚的宇宙尘。这些尘埃在各个星球上倒是很常见。然而，宇宙尘和陨石的痕迹只存在于平原上，在那个金字塔周围的地面上却丝毫没有什么痕迹。看上去，小金字塔周围形成了一个圆圈，仿佛有一堵透明的墙在保护它一般。

这时，耳机里有人在呼唤了。我突然意识到，加尼特已经叫了我一阵子。我蹒跚地走到悬崖边，打了个手势让他上来。然后，我向宇宙尘包围的那个圆圈走了过去，并捡起一片石片扔向那个神秘的小金字塔。如果这石片消失在无形的屏障中，我也不会感到惊讶。可是，它似乎击中了一个平滑的半球面，轻轻地滑落到了地上。这下子，我知道自己看到的东西绝对是人类的古代文明无法比拟的。这并不是一座建筑，而是一种机器！它用常年不灭的力量保护着自己！无论这力量属于哪一种，不可否认的是，它一直在发挥着作用。我不敢离它更近了，如果再靠近它，我的结局很可能是死路一条——想想走近一个没有屏蔽的原子反应堆的后果吧！

我记得，当时我转身看了看加尼特，他已经走了过来，站在我的身边。他看上去丝毫不在意，我就没有惊动他，而是独自走到悬崖边缘，尽量理一理自己的思绪。悬崖底下就是危海——对大多数人来说，它既奇怪又神秘，但是对我来说却并非如此。我望着远处新月形的地球，它躺卧在由繁星组成的摇篮里，我思忖着，当这里的创世主已经大功告成的时候，地球的云彩下覆盖的是什么呢？石炭纪充满了蒸汽的原始森林？最早的两栖动物刚刚爬上陆地？还是更早的时候，生命来临之前的长久沉寂？

可是，为什么20年的月球考察中，除了一些退化的植物，我们竟没在这里发现任何一点其他生物的痕迹？

这时，我的脑海中又出现了一个大胆的设想：那块水晶般的神秘物体并不是月球远古时代的某个种族制造的，而是像我一样的"外星人"留在月球上的！想到这里，我又一次凝视那反光的金字塔。突然，我感到了莫大的兴奋和讽刺，不可抑制地爆发出一阵歇斯底里的傻笑，笑得浑身颤抖。我居然觉得那个小金字塔在对我说话："对不起，你误会了，我也不是当地人。"

从那以后，我们花了20多年的时间才打破了那个无形的屏障，靠近了那个水晶墙里的机器。可是，我们仍然弄不明白它究竟有什么用途。终于，人类用原子能野蛮地把它炸毁了。现在，我看到的是昔日那个金字塔的碎片。当然，这些碎片毫无意义。

人类拜访过许多其他行星，都没有发现智慧生物存在的痕迹，人类会不会是宇宙中唯一存在的智能生物？以前，我们认为地球在宇宙中是孤独的，可是，小金字塔的发现驳斥了这一点。以它的制造技术来看，地球上任何消失的文明都绝对不可能建造出这个机器。不仅如此，高原上宇宙尘的厚度也帮助我们测量出小金字塔的年代——那个机器是在地球上出现生命之前就设置在高山上的。

可见，当地球的年龄只有现在一半大的时候，外星来客就已经穿越过太阳系，在月球上留下了这个旅行的标志，然后继续他们的太空旅行了。它一直在履行着建造者的某种意图，直到人类炸毁它。至于它曾经的功能，我是这样猜测的：

在银河系中，有近乎1000亿个星球在旋转。很久以前，在其他类似太阳系的行星上，可能就有一些种族达到甚至超越了我们现在的文明。想一想吧，很多年以前，他们在宇宙中感到了无穷无尽的孤独，就像我们现在一样。他们望着偌大的空间，觉得没有其他人可以分享他们的思想。他们一定搜寻过许多星团，就像我们现在搜寻着行星。但是，那些世界不是空空如也，就是栖息着没有思想的爬行动物。那时在我们的地球上，巨大的火山还喷发着浓烟，他们从地球上空飞过，而那里的生命尚未起源。那些太空漫游者一定觉得地球大有潜力，他们在这里绕了几圈，猜想这是太阳系所有行星中最受宠爱的一个。在遥远的未来，这里定会有生命出现。可是，前面还有无数星球亟待开发，他们可能从此不再光顾地球。为难之下，他们留下了一个岗哨，可能有千百万个类似的岗哨散布在宇宙中，它们守护着那些世界，期待着生命来临。它们是一座座灯塔，万古以来，耐心地发射着希望渺茫的信号。

说到这里，你或许明白了，那个水晶金字塔为什么设置在月球上，而没有设置在地球上。很显然，它的建造者对仍在野蛮状态中苦苦挣扎的生物没有兴趣，只有当某种智慧生物能够逃离自己的摇篮、穿越太空的时候，他们才会对这种文明感兴趣。

而现在，虽然我们没有发现这个机器的运转原理，但它的信号已经消失了。那些负责接收信号的人，一定会因此注意到地球。或许，他们会帮我们发展尚且幼稚的文明。

每当我仰望银河时，总是浮想不止：帮助地球发展文明的使者究竟会从哪团星云中下来呢？请原谅我做出这样一个平淡无奇的比喻——我们已经拉响了火警警报，接下来只有等待。

我认为，我们不必久等。

荒野

[美国] 奥尔多·利奥波德

如果说整个人类社会是一个人工制品，那么荒野就是制造它的原材料。

每片荒野都不一样，就像世界上找不到两片完全相同的叶子一样。所以，荒野制造出来的产品也是各不相同的——这些多变的“产品”，就是我们平常说的“不同的文化”。

从当今世界多彩多样的文化来看，就能知道生产它们的荒野，其面貌同样丰富多彩。

现在，人类的发展面临着两种明显的变化：第一，地球上可开拓的、用于居住的地方——荒野——已经慢慢变少，甚至快要消失了；第二，现代的运输工具越来越发达，全球性的工业化浪潮让各种文化的差异越来越小了。这些事是无法避免的，或许也不应该避免。可是，我们能不能看看这些变化，让那些有益的价值不要因此消失呢？

对汗流浃背的劳动者来说，铁砧上的原料是一个等他去征服的敌人。同样，对劳动中的拓荒者来说，荒野也是一个等他去征服的敌人。可是，对一个尚未工作、正在休息的人来说，这个原料不是敌人，而是一件非常有趣的东西——它养育了动物和人类，也让人们有地方劳动、生活。

所以，我想请求有关人士，请让现在残存的一些荒野保存下来，就像保存博物馆展览品一样。这样，以后想感受、探求文化起源的人们就有地方去看看了。

残存的荒野

人们在荒野的基础上打造出了美国。而现在，这些荒野都已经消失了。在大部分的开发中，被保存的荒野并不多，即使保存下来的，也多多少少被开发了一些。

再也没有人看见长满了高草的草原，在那里，草原上不时呈现的成片的花海，温柔地舔着拓荒者的马镫。而现在，如果在哪里能找到一块让草原植物继续生存的荒野，哪怕只有40英亩左右，我就非常满足了。草原植物有上百种，其中的许多都美丽绝伦，然而，大部分土地所有者并不认识它们。

短草平原倒还保留了一些。可是，如今的短草平原已经被牛羊啃噬，被人们耕作，受到了严重的破坏。如果说，每个州都能在议会大厦的墙壁上用铭文纪念1849年前往加州[1]淘金的人，那么，当淘金者大规模迁徙后，国家大草原保护区为什么不能纪念这样的迁徙呢？

[1] 加州：全称为加利福尼亚州，位于美国西部，是美国经济最发达、人口最多的州。19世纪初，美国展开一场由东部沿海向西部扩张的西进运动，人口大规模迁移。有人在加利福尼亚的萨克拉门托附近发现了金矿，加上投机者把消息扩大到全世界，人们纷纷来此淘金，于是引起了另一波移民潮。因此，加州也被称为“金州”。

再没有谁能看到五大湖区[1]的原始松树林，或者看到沿海平原的平坦林地和庞大的硬木林。现在，如果有几英亩这种林地可以作为样本，我们就应该非常高兴了。幸运的是，我们还有几片1000英亩左右的枫树和铁杉森林、阿巴拉契亚山硬木林、南方硬木林泽和柏树林泽，还有位于阿第伦达克山脉[2]的云杉森林。当然，这些残存的荒野仍然无法逃脱未来被砍伐的命运，更无法避免景区开发的破坏。

相比而言，这些状况还算好的。萎缩速度最快的荒野就是沿海地区。农舍和旅游道路几乎占满了大西洋和太平洋的海岸线，而苏必利尔湖的大部分湖岸线是五大湖中唯一未被开发的，现在大部分也将被开发。再没有什么会像沿岸地区这样与我们的历史息息相关，再也没有什么会比它们消失得更快。

在洛杉矶以东的北美，只有一个面积挺大的、正式的荒野保护区——位于明尼苏达州[3]和安大略省[4]的奎提科—苏必利尔公园。这片地区广阔壮美，镶嵌着丰富的河流和湖泊。这个地方大部分位于加拿大，面积的大小也是由加拿大决定的。但最近，它的完整性也受到了威胁：一是钓鱼区在不断发展；二是关于管辖权的争议，有人认为位于明尼苏达州的部分应该完全属于美国国家森林，有的人认为应该归该州所有。这种争议非常令人担心，一旦这个地方被权力的大手掌控，这片荒野的完整性就有可能受到极大的威胁。

---

1. 五大湖区：在加拿大和美国交界处，有五个大型淡水湖泊，分别为：苏必利尔湖、休伦湖、密歇根湖、伊利湖和安大略湖。除了密歇根湖属于美国，其他四个湖都是加拿大和美国共有的。这是世界上最大的淡水水域，被称为“北美洲地中海”。
2. 阿第伦达克山脉：位于美国纽约州东北部，最高峰是马西山，为纽约州第一高峰。
3. 明尼苏达州：美国北部的一个州，北面与加拿大接壤。
4. 安大略省：加拿大东部的一个省，南部与美国接壤。

落基山脉[1]穿过的各个州，有数十处荒野被作为国家森林保护起来，这里不准修建道路和旅馆，也不允许有其他对生态有害的用途。这些荒野的面积大小不等，从10万英亩到50万英亩的都有。国家公园也承认这些原则，只是还没划定明确的保护界限。

虽然这种保护的力度已经不小了，但尚未像它宣称的那样令人可信。许多地方为了发展旅游业，零零碎碎地开发了不少区域，让这些荒野这儿少一块，那儿少一块的。为了更好地控制森林火灾，人们也在不停地修路，这些或大或小的道路，最终都会形成公路。目前，许多山区也在大举修建索道和旅店，丝毫不顾荒野保护区的规定。

侵占荒野的手段中，最恶劣的要数控制食肉动物了。在许多地方，人们为了让大型猎物更好地生存，杀掉了荒野中的狼和狮子。但是恶果不久就显现出来了——失去了天敌的大型猎物（一般是鹿）大规模繁衍，几乎吃光了所有的草和树叶，猎人不得不去捕杀这些猎物。但是，现代的猎人已经不愿意做以前的那种孤胆英雄，他们更愿意开着车，去一个地方打猎。于是，更多的道路修建起来，荒野不断地被道路划分成一个又一个小块。

幸运的是，在加拿大和美国的阿拉斯加仍然有许多处女地。在那儿，无名的人沿着无名的河流流浪，在陌生的山谷孤独地面对神秘莫测的死亡。

这些地区当然应该被保留下来，虽然许多地区都产生不了什么经济价值，甚至会拖当地经济的后腿。

当然，很多人会觉得，根本没必要去制定什么法律和规划，不

---

[1] 落基山脉：美洲的科迪勒拉山系在北美的主干，位于美洲西部，由众多小山脉组成，南北纵贯4500多千米。

会有人去碰这些没什么经济价值的荒野的。但事实证明并非如此。就算荒野不被开发，但荒野中的动物群呢？像北美丛林驯鹿、数种大角羊、纯种的森林牛、极地灰熊、淡水海豹和鲸鱼等，都在不断地被人们猎杀，面临着灭绝的危险。如果说动物群都消失了，荒野的意义也就大打折扣了。

现在，一些组织正打算将北极附近的荒地开发成未来的工业化地区，而且更加庞大的计划也在进行。我们不禁想问，这些荒野又能被保留多久呢?

没人能知道，加拿大和美国的阿拉斯加会不会以抓住经济发展的机会为由，破坏现有的荒野。而拓荒者们呢，通常会觉得保存荒野是根本没必要的事。

供休闲娱乐的荒野

很久以来，人们都在为生存搏斗。当我们最终胜利，过上温饱的生活后，就用另一种方式把这些搏斗的形式保留下来，那就是体育运动和比赛。

在以前，为了生存，人们常常要跟动物搏斗来取得食物。现在，这样的战斗改变了形式，变成了狩猎和钓鱼等休闲的活动。

公共的荒野给人们提供了一个户外休闲活动的场所，让人类这些充满原始色彩和阳刚之气的活动，可以淋漓尽致地开展起来。

一些活动已经被推广了，在世界各地形成了不同的方式；一些活动在世界范围内都是通行的，比如打猎、钓鱼和徒步旅行。

其中，有两种技巧是美国特有的。虽然各地都有人在模仿它们，但只有在美国这片大陆上，这种运动才得到了热烈的发展，并日臻完美。这两种运动分别是划独木舟旅行，以及跟马队旅行。

不过，这两者都已经退化了。哈德逊湾的印第安人拥有了一艘小汽船，而登山者也有了一辆福特[1]车。

如果我是用独木舟或驮马来维持生计的人，面对机械化的汽船和汽车的时候，大概也会选择后者，毕竟原来的工作太辛苦。然而，作为为了散心而到野外旅行的人，如果发现自己不得不跟机器竞争，理所当然会感到沮丧。想想吧，在众多汽艇的包围中，你扛着独木舟独自上岸；在夏日的度假旅馆中，看着别人停着的车，放自己的马匹吃草……这种行为有点过于滑稽了，还不如就待在家里，哪儿都不去。

而真正的荒野地区则大大不同——野外旅行这种原始艺术，在这里可以肆意开展。

有人或许会怀疑，现代社会已经这么发达，我们还有保留这些原始艺术的必要吗？特别是划独木舟和骑马旅行。我不想进行争辩，无法彻底理解这种活动的人，心态未免太过保守。

在欧洲，人们的狩猎和钓鱼活动则大大不同。他们缺少那种在荒野中探寻、搏斗的劲头。欧洲人尽量避免在林中扎营、做饭或其他完全需要自己动手的活动，他们宁愿把这些琐碎的事情交给猎人和仆人。对他们来说，提到打猎，最吸引人的是野餐，而不是在荒野中搏斗的乐趣。他们主要靠捕到的猎物和钓到的鱼来衡量打猎技巧的高低。

也有人认为野外活动“缺乏民主”。他们认为，同一片地方，如果建造高尔夫球场或者开发为旅游景点，承载的游客量要远远多于荒野休闲活动。这种说法的错误之处就在于，用单纯的经济方法

---

[1] 福特：世界著名的汽车品牌，创始人为亨利·福特。1908年，福特汽车公司生产出世界上第一辆属于普通百姓的汽车——T型车，标志着世界汽车工业革命的开始。

来衡量一切。休闲的价值可不是仅仅用数字和收入就能衡量的。一个人在休闲中的体验越深刻，与日常生活差别越大，荒野的价值就越大。这样看来，依赖汽车、汽艇、高尔夫球杆等东西的休闲活动，无非就是消磨时间罢了。

可是，这些消磨时间的活动已经占了9/10的山林，那何不把剩下的1/10留给荒野，表示一下对少数派的尊重呢？

科学用途的荒野

自我更新和修复能力是一个有机体最重要的特征。这样的能力就是健康。

自然界中，有两种有机体的自我更新过程受到人类的干涉和控制：一种即人类自身，人们用医药和治疗来控制；另一种就是土地，人们用农业和自然资源保护来控制。

我们对维持土地健康所做的努力远远不够。现在，我们都知道，如果土地失去肥力，或者水土流失的速度比生成的速度快，或者水流出现意外的泛滥或枯竭，那么土地就会生病。

可怕的是，我们常常把这些表现看作是正常的，而不觉得这是土地已经生病的表现。虽然人们在努力保护动植物，但总有一些动植物莫名其妙地灭绝了；尽管人们在努力控制害虫，但总有某种害虫出其不意地攻击我们。

我们对此作了很多研究，但并没发现什么直接的原因。那么，最大的可能性就是土地有机体已经生病了。这两种情况远比以前发生得频繁，我们不能再等闲视之。

看看现在处理土地失调的办法吧！当土地肥力下降，我们就倒入许多肥料，最多也只是改种别的作物，或者改养别的动物，却从未想过，一些野生动植物对土壤的建造和维护可能拥有同等重要甚至更重要的作用。

比如说，人们最近发现，长过野生豚草的土壤再种植烟草，烟草的长势会非常好。这种出人意料的关系，可能在自然界中广泛存在，人们却从未好好发掘。

每当土拨鼠、田鼠或黄鼠泛滥成灾的时候，我们最先想到的就是把它们毒死，而从没有好好寻找它们数量暴增的原因。人们简单粗略地认为：动物造成的麻烦一定是由动物引起的。最新的科学研究指出，植物群的失衡是导致啮齿动物[1]泛滥成灾的真正原因，但是几乎没有人沿着这个线索好好探寻下去。

不仅动物如此，植物也是这样。在许多人工林中，原本能生长三四棵树的地方，现在只能供养一两棵树。一些林务官告诉我们，问题不在于树木本身，而是土壤中的微型植物群已经遭到了破坏，恢复起来很慢，但是它们的存在对树木的成长有很大的好处。

我们现在的保护自然资源的方式，很多仅仅是表面功夫。水坝只能控制洪水，但无法从源头上解决洪水泛滥问题；构建堤防和梯田能让土壤减少流失，但无法避免土壤被侵蚀；保护区和养殖场能够保证猎物和鱼类的生存，但无法解释为什么猎物和鱼类的数量总是大大小于从前……

总而言之，种种迹象说明，土地跟人体类似，在生病的时候，病症发生在一个器官，但起因可能在于另一个器官。像我们平常采取的保护自然资源的措施，也只是治标不治本。这些措施当然是有用的，但不能跟治疗混为一谈。看来，现在的土地健康学发展得还远远不够。

1 啮齿动物：动物的一个分支，包含了啮齿目、兔形目和食虫目，占哺乳动物的40%~50%。啮齿动物的上下颌只有一对门齿，门齿无根，可以终生生长。

说到土地健康学，首先需要的是土地正常状态的基本数据，可以用来了解一片健康的土地是如何正常运作的。

有两个好范例可以给我们参考。一是东北欧，虽然人类已经在这里居住了许多个世纪，但是，这里的土地仍能大致保持正常。据我所知，这是唯一能让土地基本不出问题的地方，因此值得人们好好研究。

另一个范例就是荒野本身。根据古生物学家的研究，我们可以从侧面看到，荒野自给自足地过了很久，物种几乎不会灭绝，也很少失衡，气候和水构建土壤的速度跟侵蚀土壤的速度相当，甚至要更快。所以，作为一个研究土地健康的实验室，荒野有着非比寻常的意义。

适用于亚马孙河流域的生理机能，并不一定就适用于蒙大拿州[①]。每个生物区都得有自己的荒野，人们才能对使用过和尚未使用的土地功能进行比较。当然，我们只来得及去抢救系统尚未完全失衡的荒野，而且这些残余的荒野由于面积太小，无法在各方面都保持正常状态。就连面积达百万英亩的国家公园，对保持生态平衡来说，面积还是不够大。当地的食肉动物还是在减少，家畜带来的动物疾病还是在扩大。黄石公园[②]就是一个很好的例子，狼和美洲狮消失了，赤鹿失去了天敌，不断繁殖，在那不停地摧毁植物群，特别是冬天牧场的植物。同时，由于疾病，灰熊和大角羊也在减少。

研究者托格瑞迪亚克研究了几英亩的野地后发现，田地中的松

---

① 蒙大拿州：美国西北部的一个州，人口稀少，人口密度很小，经济以农牧业、采矿和伐木业为主。

② 黄石公园：世界第一座国家公园，建立于1872年。黄石公园主要位于美国中西部怀俄明州的西北角，并向西北方向延伸到爱达荷州和蒙大拿州。1978年，黄石公园被列为世界自然遗产。

树无论如何都不会像荒野上的松树那么高大和抗风，原来，荒野上的松树的根是沿着老根蔓延的，所以能把根扎得更深。

如果没有研究过荒野，我们压根儿不知道，健康的土地会多么强大。大部分以前在西南部旅行过的人说，他们曾经见到过非常清澈的山中河流，但人们仍然怀疑这点，认为他们只是恰巧碰上了河流最好的季节。防止土壤侵蚀的工程师一直没有确切的资料，直到有些人在墨西哥奇瓦瓦地区的马德雷山发现了类似的河流。由于这里原来是印第安人的居住地，所以一直没被开发，就算在最浑浊的时候，河水也只是略带乳白色，抛下去的鱼饵也能看得清清楚楚。岸边临水的地方长满了青苔，而亚利桑那州和墨西哥州类似的河流则大多数布满砾石，根本不长青苔，岸边既没有土壤，也不长树木。

如果能保留好马德雷山的野地，在此建立一个跨国的实验站并加以研究，或许更有利于治疗美国、墨西哥边界那些生病的土壤。

可以说，现在存留的荒野，无论大小，对土地科学研究来说，都具有充当标本和建立标准的意义。

野生动植物的荒野

上面说过，国家公园并没办法让大型掠食动物顺利生存繁衍。看看濒临灭绝的大灰熊、急剧减少的大角羊群以及没有狼的公园吧。在许多例子中，动物消失的原因并不明显。由于某种未知的理由，一些动物物种好像没办法作为一种孤立的群体生存繁殖下去，哪怕这空间并不算小。

国家公园周围往往有比较荒芜的森林，让这些地方也成为濒危动物保护区，这似乎是扩大野生动物生存空间的一个办法。可这些区域一直没有发挥作用，灰熊的悲剧则印证了这一点。

1909年，我第一次来到西部的时候，几乎在每个主要的山区都会看到灰熊，但是连续旅行数月，可能都看不到自然资源保护部门的工作人员。而现在，几乎每从灌木林后都会出现几个自然资源保护部门的工作人员，这些机构持续增加，而雄健的哺乳动物却在向美加边境撤退。这是不是很讽刺呢？有报道称，美国境内尚存大概6000只灰熊，其中5000只都在阿拉斯加，而全国范围内，有灰熊的州只有5个。人们或许会这么想："灰熊能在加拿大和美国的阿拉斯加存活下来就足够了。"可问题不是这么简单。阿拉斯加的熊是独特的物种，把灰熊放逐回阿拉斯加，就像把幸福驱逐到天堂一样，那是大部分人今生永远不会到达的地方。

如果让灰熊能健康存活、繁殖，可能需要大片原野、森林和土地，或者家畜所造成的损伤已经得到修护的地区。比较可行的办法就是买下分散的家畜牧场。但是，尽管有很大的购买和交换土地的权力，保护部门却从未这么做过。林业部在蒙大拿州建立了一个灰熊保护区，却鼓励人们在犹他州的山区牧场养羊，要知道，那可栖息着犹他州仅存的灰熊啊！

永久的灰熊保护区和永久的荒野，几乎可以说是同一事物的不同名称。只有自然资源保护部门具有远见卓识和对历史超强的洞察力，我们才能更好地把动物和荒野保留下来。

随着我们的教育发展，会有越来越多的人明白，现在的西部最具特色、最令人自豪的东西，都是来自古老西部的遗物——壮丽的自然风光以及勇往直前的探险精神。未来的年轻人会像曾经的探险家路易士和克拉克一样，在密苏里河[1]上扬帆航行，或者和詹姆

[1] 密苏里河：密西西比河最长的支流，美国主要河流之一。

斯·卡彭·亚当斯一样，勇敢地登上内华达山[1]。可是，未来的每一代人都会发出这样的疑问：曾经的白色大熊在哪里？想想吧，那时人们只能回答："在自然资源保护者还没意识到时，它就已经消失了。"那该是多么令人悲伤的答案呀！

荒野的捍卫者

荒野这种自然资源只会缩小，不会再扩大。我们可以采取各种办法，来阻止和减少对荒野的侵害，让它们成为休闲活动、科学研究和保护野生动物的地方，然而，无论我们做出怎样的努力，我们都无法创造出新的荒野。

所以，每一个荒野规划都是一个防护行动，尽可能地减少荒野的衰退。1935年，荒野协会成立，他们的宗旨是"拯救美国残存的荒野"。同时，塞拉俱乐部[2]也为了同样的目标而努力。

然而，仅仅靠几个团体的努力是远远不够的。我们也不能只满足于国会制定一项荒野保护的法令。除非所有的资源保护部门的人都尽职尽责，否则只能等荒野被侵害后，这些团体才能得知这种情况，而那个时候，挽回和修护的难度将会非常大。

1. 内华达山：北美洲科迪勒拉山系西缘山地的组成部分，位于美国加利福尼亚州的东部。
2. 塞拉俱乐部：美国著名的环境组织，也译为"塞拉山友会"或"山岳协会"。1892年，环保主义者约翰·缪尔在加利福尼亚创办，拥有上百万的会员。

小心轻放

[法国] 贝纳尔·韦尔贝

“这是什么？”儿子好奇地看着爸爸拿回来的那个箱子。

“你的圣诞礼物呀！”爸爸说。

“噢！爸爸，太好了！你给我买的礼物是那套我跟你说过的牛仔装吗？”儿子兴奋极了。

可是，爸爸一时间有点犹豫：“其实，也不完全是啦……”

这时，儿子已经飞快地跑到礼物前，开始欢天喜地地拆那张巨大的包装纸。终于，在跟一大堆闪闪发光的纸呀缎带呀搏斗了半天后，他终于看到了一个纸盒子。

盒子上没几个字，上面写着“上面”，下面写着“下面”，旁边还写着“小心轻放”。

打开盒子，里面是一个长方形的东西，看上去有点像水族箱，只是缸里黑咕隆咚的。在缸的外壁上嵌着一块小板，小板上标着很多刻度，还有一些奇怪的词：“聚变”“重力”“爆炸”“分解”“热培”“冷培”“分离”“高压”“低压”“雾”“闪电”什么的。

儿子的眼睛不由得瞪大了，闪烁着兴奋的光芒。

“哇噢！太棒了！这是个化学反应箱！”

“你猜错了，这可比化学反应箱强多了！这是你做梦都想得到的东西呀！”爸爸笑眯眯地说。

听了这句话，儿子立刻恍然大悟：跟以前一样，说到底，这个礼物又是爸爸给他自己准备的！其实，每一个圣诞节，爸爸都借口给儿子买礼物来满足他自己的愿望。

“这是个革命性的玩具呢！它比迄今为止市场上所有的玩具都复杂，而且也贵好多。”爸爸扬扬得意地说。

儿子半信半疑，开始研究起这个箱子来。

“是个热带鱼缸吗？”他问。

“差不多了。”

“难道是做大份水果刨冰的机器？”

“不，你又猜远了。”

“那……是玩飞行小兵的工具？”

“又靠近一些了。”

其实，猜谜的游戏本身，对儿子来说就已经是一个好礼物了。

这下子，儿子的好奇心被勾了起来。

“是给洋娃娃做首饰的机器！”

“又猜太远啦。”

“猜不出来，不猜了！”儿子气急败坏地嚷嚷道。

“这是个可以创造世界的机器！”看到这种情况，爸爸以神秘而自豪的口吻公布了谜底。

小男孩露出了半信半疑的表情，看上去既喜欢，又有点小小的失望。

“你看这个盒子上的字——‘完美宇宙小主人’，这个玩具是全新的、空前的！你肯定会喜欢的。”

于是，这个叫杰斯的小男孩兴致勃勃地拿出了配套的东西——电线、变压器、电池等。

“看着好像挺复杂呀！”杰斯嘟囔道。

“你不是总跟我说吗，以前的那些玩具玩一会儿就玩够了，用不了多久，你就把它们丢了。我觉得，这个‘完美宇宙小主人’应该能让你多玩一阵子了，运气好的话，说不定可以一直玩到下个圣诞节呢！哎，我说，你是不是忘了什么呀？”

父亲一边说，一边用食指指了指自己的膝盖，带着微笑看着儿子，等待着。

“对了！忘了亲亲爸爸！哦，还有，谢谢爸爸！我觉得，我肯定会非常喜欢这个玩具的！不管怎样，我的许多朋友都没见过这个玩意儿呢！”

杰斯欣喜若狂，他一下子蹿到父亲身上，搂住他的脖子，开始亲个没完。

“好啦，你自己先看看说明书，我到客厅里看会儿报纸。”

父亲说完，转身走进了厨房。他用确定的口气对正在做饭的妻子说：“儿子一定会喜欢这个玩具的。”

“唉，不好说，他难缠着呢！我看，你还不如给他买那套他一直想要的牛仔装呢。”

“不不，所有的儿子都有一套牛仔装，但是有几个儿子有盒装小世界？”父亲反驳说，“我相信，杰斯已经足够懂事了，他会明白这个礼物跟那套衣服的区别！而且，这个礼物更贵呢。”说着，他笑了起来，事实上，他也很愿意给儿子买个益智玩具。

妻子又继续问：“玩具店里的人跟你说这东西很受欢迎吗？”

“这个‘完美宇宙小主人’？当然没有，这可是新产品呢！我很可能是这个玩具的第一个顾客，因为售货员还特意跟我说：‘希望您用过之后，能多多反馈意见，看看这玩具是不是跟广告上宣称的一样好玩。’”

他来到客厅，点上烟斗，打开报纸看了起来，耳朵却还听着儿子的动静——儿子好像正在打开那些盒子，翻腾着里面的东西。过了约莫10分钟，杰斯的喊声终于传了过来：

“我不知道怎么装啊？爸爸，快来帮我啊！”

父亲叹了一口气，嘟囔了几句，要知道，他正在津津有味地看一篇城市里闹鼠患的报道呢。儿子还在那边喊个不停，他只好放下报纸，心中自我安慰：不管怎样，既然送给他这个礼物，我做点最基本的“售后服务”还是必须的嘛。

“哪里有问题？”爸爸问。

“你看，我一点都看不懂这本说明书，这让我怎么玩啊？”儿子嘟囔着，把说明书递给父亲。

父亲大略地翻了翻那本说明书，确实，这又是一本非常差劲的说明书——语言解释极不清楚，图解也不知所云。他摘下眼镜擦了擦，然后戴上，开始仔细研究起来。

“你看，首先要把电源接上。你是要用电池呢，还是直接插电源？”爸爸问。

“用电池吧，爸爸。”

“好吧。”父亲拿来电池，依次放进了电池槽，又拿起说明书，翻到“安装”那一页。

“你只要仔细看看就行了，这不都写着吗？”

他大声念了起来：

“亲爱的顾客，感谢您购买‘完美宇宙小主人’。在开始前，您要先设置好您的小宇宙，接下来，这个玻璃缸里的小宇宙就由您来完全控制了。一定要注意几个问题：首先，千万别把您的小宇宙放在通风口或潮湿的地方，最合适的温度是19℃，一般来说，这就是您房间的温度。”

这时，父子俩同时看了一眼墙上的温度计——刚刚好。父亲又接着念道：

“其他保护措施：如果您养猫，最好把您的小宇宙用铁丝网围起来，在小宇宙处于孕育期的时候，千万别让猫碰它。”

杰斯听了，赶紧把猫咪苏西赶到走廊里去。苏西很不情愿地叫了一声，这可不是第一次了，小主人总是为了一个新鲜玩意儿就把它从房间里赶出去。真倒霉！它又不会吃了那个小宇宙！不过，按以往的经验，杰斯很快就会厌倦那个东西，高高兴兴地回到自己身边，像以前一样抚摸它那温暖的、毛茸茸的身体。

父亲继续一条条地念着注意事项：

“不能把小宇宙放在柜子上或者桌边，它会掉下来。

“虽然玻璃缸外壁非常坚固，但也不能用锤子或者重物敲打。

“不要在您的小宇宙周围放很聒噪的音乐，比如重金属摇滚之类的。

“经常放一点古典音乐，能帮助小宇宙成长。

“不要把小宇宙里的任何东西拿出来。

“不论发生什么，都不能搅动那些星星。

“注意！小宇宙中的所有东西都不可食用。”

跳过几行，父亲又接着念：

“装好电池，或接上电源后，您就可以开始您的小宇宙进化过程了。这就像在花盆中种下一颗种子一样，请您拿一粒‘光’，放进盒子里，小宇宙创建就开始了。

“紧接着，盒子中就会出现闪亮的火花，这叫‘宇宙大爆炸’。如果没有这个‘宇宙大爆炸’，星星就不会产生。这些过程，您都能用一条引信自行控制开始的时间。每个盒子中都有一条引信和一根氢管，请把引信放在玻璃缸外壁的左侧，再把氢管放进‘宇宙大爆炸’反应堆中。注意，只要引发‘宇宙大爆炸’的操作程序，就不能再重来了，所以，您千万不可鲁莽行事。每次‘宇宙大爆炸’都能制造出一个全新的小宇宙，所以进行第一个步骤的时候，您尤其要谨慎。”

“怎么能弄出一个好看的‘宇宙大爆炸’呢？”杰斯问。

父亲听了，又弯腰看了看说明书。

“请使氢管尽量完全爆炸，并且让引信正确地指向中央。如果引信不慎歪到一边，您的小宇宙可能会像一颗熟透的无花果撞向玻璃缸壁一样，只能撞个稀巴烂了。这种效果可非常不理想。”

“我想试一下！”杰斯迫不及待地喊了起来。

“等会儿，等会儿，我还没看完呢。”爸爸急忙说。

杰斯可不这么想，他自以为全明白了，所以立刻着手安装那根氢管。

“等一下，再等1分钟，这上面说，还要……”爸爸急忙低头阅读下面的几行字。

可是，已经晚了——这时，杰斯已经向玻璃缸的中心启动了小宇宙发射装置。

这次爆炸可真是非同小可，一声巨响远远超出了他俩的想象，小小玻璃缸并没承受住这次震动，房间里的墙壁和窗户都被震得直颤动，墙上挂着的画都落到了地上，各种小摆件更是在不停地摇晃，连书橱里的书都滚了下来，乱七八糟地堆在地上。

楼上的住家用脚跺着楼板，提醒楼下别吵了。

妈妈赶紧从厨房里跑了出来，看看到底发生了什么事。

结果，只见她的丈夫和儿子两个人面带无辜的表情站在一个大玻璃缸前面。

她一只手里还端着炒菜花的锅，另一只手叉腰，大声问道："刚才是谁弄出了这么大的声音？"

"他……他自己启动了小宇宙，我刚才还没看完说明书，也不知道他弄的'宇宙大爆炸'行不行。"爸爸急忙解释说。

妈妈凑了过来，仔细瞅了瞅那个用黑色玻璃做的方形大盒子。只见一丝光亮在盒子中缓慢延伸着，就像一株兰花在夜色中缓缓地绽放，在那"花冠"上，还闪烁着点点星辰，散发着温暖的光芒。它们仿佛在小心翼翼地观察着这个刚孕育了它们的小宇宙。

"噢，妈妈！真可惜，刚才你没看到，简直太漂亮了！我一按那个机关，就从里面射出了一道火光，接着，到处都弥漫着白色的粉末……"

妈妈着迷地看着这美丽的一幕。那朵光之花还在里面婉转地延伸着，就好像在无声地、缓慢地呐喊。一时间，妈妈觉得这朵花仿佛在不停地从最深处吐露出隐藏着的星星，那点点的繁星闪烁着无穷无尽的能量。

"好啦，爸爸正式宣布，你刚刚成功地创造出了一个小宇宙！"爸爸高兴地说。

"太好了！"杰斯很兴奋。

"不过你得注意，小宇宙可不会自己进化，但它也不会毫无章

法地乱变，不然会乱成一锅粥的。你得继续观察它，照顾它，你明白吗？这就像种小盆景一样，你得花时间不断修理、调整这个小宇宙，这可得花不少精力呢！”

妈妈用手扶了扶额头说：“你快别提盆景了！那个盆景才过了一个星期，他就扔到一边让它枯死了！还有那只小仓鼠！他居然喂它吃圆珠笔，可不是中毒死了吗！说老实话，亲爱的，照顾小宇宙对我们家这个亲爱的小家伙来说，任务好像是过于艰巨了。”

“不不，不会的，这次肯定不会，我保证一定会用心的！”杰斯一听，马上保证说，“我说到做到。”

“但你每一次都这样说。”

“爸爸，你还是给我讲讲怎样照顾这个小宇宙吧！说嘛，该怎样做才对呀？”

父亲又低下头，开始钻研说明书。过了一会儿，他指着玻璃缸外一块小板子上的几个小操纵杆说：

“照说明书说的，要上下调节这些发射器，你就能在这个小宇宙中制造出能量场。”

“那能量场是用来干吗的？”儿子追问。

父亲愣了一下，看了看儿子。要知道，他也跟儿子一样，对这些知识很陌生。他抓起说明书，努力找着“能量场”的解释。

可是，儿子已经失去了耐心，刚才兴致勃勃的劲儿已经没了，他半信半疑地撇着嘴。

“唉，爸爸！真不知道您送我这么深奥的小实验室会不会是个好主意。这简直就像待在一个创造宇宙的学校里，还要遵守各种规矩和方法。要知道，这不就是个玩具嘛！都不如送我个电动火车，或干脆来套牛仔套装呢！你说，电动火车玩具有车站和小山什么的，不也是个小宇宙吗？”

儿子说完，就盯着“小宇宙”里那朵还在绽放的光之花。

而父亲呢，一听这话，知道费尽心思选的礼物竟然这么快就失去魅力了，感觉很不高兴，就有点抓狂，不停地翻说明书。妈妈看了，无奈地耸耸肩，回厨房了。

“玩够了，你们就来吃晚饭，饭菜都快凉了。”

但是父亲可不会轻言放弃。

“啊，我找到了！‘能量场’：就像钳子一样，可以控制和改变孕育中的小宇宙。具体请参见‘动手操作’。”

父亲又开始翻看说明书，额头上都冒出了几滴汗珠。

花大价钱买的玩具竟然只让儿子持续了几分钟的热情，父亲对此感到有点恼火。他不得不承认，自己可能犯了个错误——高估了小杰斯的耐心！

“操作一：尝试制造A号星。”

厨房又传来了妈妈的声音：

“亲爱的，快吃饭吧！我怎么觉得你比儿子还上瘾呢！”

“我得帮他看说明书呢！我们正要制造A号星！”

这时，小杰斯已经弄明白如何制造一个能量场，从而让氢气云团燃烧。他自己拨弄着那个操纵杆。效果虽然不完美，但也已经很不错了。

接着，他又弄明白了怎样把这些火云聚集起来，做出一个个光球，不一会儿，他就制造出了一颗A号星。

“真棒！”父亲及时鼓励着儿子，自己也重新燃起了希望。于是，他又翻开了说明书，念道：“操作二：制造一颗行星。具体步骤跟造一个A号星大致相同，但是要注意及时熄火，让它变成一堆固体，然后慢慢冷却……操作三：创造生命。首先，要把氨基酸聚合起来，制造一个细胞。”

父亲用试管分离出几个氨基酸。他严格遵守说明书上的剂量，用一根吸管小心地搅动着。接着，他把这些混合物轻轻地倒进一个放着一些小陨石的盒子里，这些陨石一下子蹿了出去，撞到了刚制造出的小行星上，撞得粉碎。

“哇！”杰斯惊奇地喊道，“这些陨石就像精子钻进卵细胞里一样，钻到行星里去了！”

父亲听了这个比喻吓了一跳，但是，他很快就意识到，儿子今年已经开始上生理课了。只用了短短10分钟，父子俩就成功完成了四个步骤。现在，玻璃缸里五彩缤纷，有一些小行星在飞行，还有绚丽的色彩在浮动，蓝色、绿色、黄色……

“现在，要给你的小行星们挨个起名字或者编号啦，不然可就乱套了。”父亲心满意足地提醒儿子。

然后，他们又开始了下一步：“操作四：制造意识。”

他们按照说明，埋头干了几分钟，可就是没办法让他们的创造物具有意识。而“操作五”可更是完全超出他们的理解能力了。

“说明书上说，倘若你的小宇宙里的动物无法拥有‘意识’的话，你就要使用传递程序——用一个小麦克风来说话，信息就能被翻译成它们的语言了。”

这时，妈妈忽然出现了，她终于暴跳如雷了：“吃完饭再接着玩！”原来，热气腾腾的蛋奶酥早就凉了，已经瘪了下去。

她气呼呼地埋怨父子俩：“生活中可不能只有玩！你作为爸爸，应该好好儿为儿子做个榜样，要有责任感！”说着，她又转向儿子，“你也是，不能光顾玩，多想想你的功课吧！”

一看这样，父子俩很不情愿地放下做了一半的人工小宇宙，老老实实地进厨房吃饭了。

刚吃完饭，两人又立刻开始兴致勃勃地研究：怎么才能给他们的小动物创造意识呢？

尝试了几遍，还是没什么成果。

“我们是不是创造了一个‘愚蠢’的世界？”杰斯叹了口气，看来，他开始有点厌倦了。

接下来，辛辛苦苦忙了两天后，一切都是徒劳无功。这下子，小男孩彻底没了耐心。毕竟，这么大的孩子可都喜欢一些有趣、快速的游戏呀！有好几次，杰斯都把手伸进小宇宙中，拿出那些小行星、小太阳，放进嘴里咬了咬。反正它们又没有毒。即使这样，他也并不高兴。这些小行星的味道可不怎么样，咸咸的；那些小太阳更糟糕，它们太烫了，很容易把嘴烫伤。

杰斯气呼呼地把小宇宙箱扔到顶楼的储藏室中，那儿堆满了被丢弃的玩具，比如游戏弹子、木马、塑料士兵、气枪等。

然后，他就下楼去逗他的猫咪苏西了。

可是，在阁楼中，那个小宇宙并没有停止进化。

一个偶然的机会，一只好奇心很重的老鼠来到了这个箱子旁，凭着它敏锐的眼光，它瞅见了箱子里有细小的银河、群星，竟然还有一些小生物住在里面！它喊来十来只老鼠帮忙，一起把杰斯的小宇宙箱搬到了鼠王面前——一只浑身留有爪印和齿印的老家伙。鼠王一看，就用鼠语宣布说：“从今往后，这个被遗弃的新生小宇宙有了主人——就是我们。”

于是，在宇宙中的某个地方，老鼠竟然成了人类的上帝。

浴室里的科里奥利效应

[美国] 菲利普·普莱

奇妙的现场演示

这是非常精彩的一幕。纳纽基是非洲肯尼亚的一座小镇，它恰好位于赤道的北面。小镇建于20世纪初期，历史并不久远，现在看上去还像一片蛮荒之地。

前往肯尼亚山旅行的车，经常会在这里停留。放眼望去，这里最吸引人的是一些礼品店和古董店，不过，实际上这里还有一个很吸引人的项目——那就是当地人麦克利维。每当游客聚拢过来，麦克利维就会为大家演示一个小把戏，这让绝大多数人都难以忘记。

麦克利维会带着游客来到一家被烧毁的旧旅馆，这里的地板上画着一条线，他告诉大家，这就是赤道的实际位置。然后，这个能言善道的演说家给大家解释说：在这条线以北，水流出时会形成顺时针的旋涡；而在这条线以南，水流出时则会形成逆时针的旋涡。这一奇妙的现象正是由地球自转引起的。

接着，他就会用实验证明这一点。他拿出一个边长大概为30厘米的方盘，把它装满水，并放进一些火柴棍，为了让大家更明显地看到旋涡。然后，他走到线的一侧，面朝观众，拔出塞子，水就流了出来。确实，他在赤道以北演示的时候，水以顺时针的方向流出；他在赤道以南演示的时候，水以逆时针的方向流出。

这一现场实验非常有说服力。麦克利维干了很多年，总能得到许多游客的小费。无数的游客看过这个演示，就连BBC的系列节目《极地之旅》[1]，都据此制作了特别节目。这个节目中，前巨蟒六人喜剧组合[2]的成员之一——佩林去世界各地旅行，并为大家展示有趣的景象。在这个段落里，佩林亲眼观看了麦克利维的表演，并评价说："这就是我们知道的科里奥利效应……它确实存在。"

但是，事实并非如此。佩林以及众多游客都上当了。可是，骗局并没有在此终止。这个观点由来已久，还被很多人用来解释为什么马桶、水槽和浴缸在南北半球的排水方向不同。很多大学生也说，他们的中学老师也给他们讲述过这一"事实"。问题在于，这并非事实，这只是蹩脚的天文学。

棒球和炮弹"跑偏了"

首先，科里奥利效应确实存在。在19世纪80年代，人们就已经知道，沿南北线发射的炮弹往往会偏离正常路径。1835年，法国数

---

① 《极地之旅》：一部纪录片，共8集，由英国BBC公司制作，在1992年播出。内容主要是著名的旅游节目主持人佩林从北极出发，沿着东经30°旅行，记录旅途中的所见所闻，一直到达南极。

② 巨蟒六人喜剧组合：英国的一个六人喜剧组合，成立于19世纪60年代，他们以"无厘头"的搞笑风格在19世纪70年代和80年代走红，对大众文化产生了很大的影响。他们的代表作为《巨蟒与飞行的马戏团》，19世纪70年代开始风靡全球。组员为格雷厄姆·查普曼、约翰·克里斯、特里·吉列姆、埃里克·艾多尔、特里·琼斯和迈克尔·佩林，佩林后来成为著名的旅游节目主持人。

学家科里奥利就这一类问题发表了论文《论物系相对运动方程》说明这个问题。后来，它被称为“科里奥利效应”。

我们不妨来想象一下——你站在地球上，地球在正常地自转，一天一圈。如果你站在赤道上，地球自转带着你一起向东运动，一天后，即使你自己并没跨出步子，但你随着地球，在空间中扫过了一个大圆，相当于一天走了40000千米。

再想象一下，如果你站在北极点，一天后，地球转了一圈，实际上你却并没动过。也可以说，你只是围绕自己站的那个点转了一圈。因为北极点是地球自转轴穿过地面的那个点，地球自转的时候，这个点并没有向东运动。

当你从赤道向北笔直移动的时候，你就会发现自己在空间中向东的速度在慢慢下降。在赤道上，即使你不东西移动，也相当于以大概1670千米/小时的速度在向东运动；当位于大约北纬27° 的佛罗里达州萨拉索塔，你会以1500千米/小时的速度向东移动；当你处于北纬44° 的缅因州威斯卡西特时，你向东的运动速度相当于1200千米/小时；如果你还不怕冷，敢于前往更北的阿拉斯加州巴罗，那里是北纬71° ，你向东的移动速度就变成了550千米/小时。最后，当你来到北极，你压根儿不会向东移动了。

让我们选个气候适宜的地方，就是萨拉索塔吧！想象你站在这里，正南方的赤道上有个人，正在朝他的正北方向——也就是你所在的点，抛出棒球。棒球向北运动时，它自己带有的向东的速度，相对于地面，差值在不断增加。于是，棒球会向东偏移。当它到了你这点时，大约会以1670−1500=170千米/小时的速度向东移动。所以说，即使棒球瞄准了你，在运动过程中，也会与你失之交臂，并且这个差值还真不小！

这就是为什么炮弹向南或向北发射时，总会发生偏移。以北半球为例，炮弹最初从大炮中射出时，会带有一个初始的向东速度。如果向北发射，在抵达目标的过程中，它们的速度总是大于下面地表的转动速度。所以炮手需要向西偏移一点，来抵消这个作用。当由北向南发射时，情况就反过来了，炮弹向东的速度要慢于它下面地表向东的速度。所以炮手需要瞄准比实际目标偏东的位置。

同样的道理，南半球的现象则相反，炮弹向北发射时，会向西偏离；炮弹向南发射时，会向东偏离。

在这样的例子中，距离非常遥远，时间也比较长，所以科里奥利效应累积起来，看上去才那么明显。但实际上，这个效应很小。如果你在缅因州威斯卡西特开车向正北行驶，你的速度是100千米/小时——要知道这一速度并不算慢，科里奥利效应会让你以3毫米/秒的速度发生微弱的偏移。也就是说，行驶一个小时后，仅仅向东偏移了10米多一点点，你甚至不会注意到这一点。

生活中的科里奥利效应

确实，科里奥利效应很微弱，只有经过长距离和长时间的累积才能有明显的效果。可是，像上面举的例子，发射炮弹在生活中并不常见，棒球也远远不会打出那么远。我们在生活中还会见到真正的科里奥利效应吗？

答案是肯定的。以气压来举例，气压低的地方就像一个吸尘器，能吸引周围的气流向中心流动。我们来简化一下北半球的情况：假设气流以正南和正北的方向流动。从正南方来的气流向东移动的速度比低压中心的气流要快，所以它产生了向东的偏移；而从正北方来的气流，其向东移动的速度比低压中心的气流慢，所以向西偏移了。这两种偏转使低压系统形成了逆时针的旋转。这被气象学家叫作气旋系统。

而在南半球，情况恰好相反。因为从北方来的气流，向东移动的速度更快；从南方来的气流，向东移动得更慢，所以合成的低压系统会按照顺时针方向旋转。

如果这个系统在比较长的时间——几天或几周——保持稳定，那么它的强度就会大大增加。而温暖的海水进入系统时，它也会变得更强。

在这个系统里，越往中心运动速度越快，这个道理类似于你滑冰时收起手臂会旋转得更快。当气旋中的风速增加到100千米/小时或更大时，就会形成飓风（在大西洋上被称为飓风，在太平洋上就被称作台风）。

原来，我们熟知的大灾难和我们在汽车中无法觉察到的微小偏移形成的原因都一样！

小把戏的马脚

正如我们上面所说，科里奥利效应只在长时间和长距离的累积后才能产生可以测量到的效果。所以，即使是最深的浴缸，对此来说还是太小，而且排水太快，根本无法看到这一效应的影响。计算显示，水里的无规则运动要比科里奥利效应大数千倍，所以水里的任何无规则旋涡就会完全掩盖这一效应。

那么，很多人会发出疑问：为什么我家浴缸中的水总是以同一种方向排出？答案可能会让你失望：这大概与排水管的形状关系更大，而并非由于地球的自转。

马桶也是一样。这总是让我忍不住想笑：人们设计马桶的时候，特意设计成这样，让水旋转起来，可以清理那些不太容易被冲洗掉的顽固污渍。如果你留心观察，就会发现：水是通过一定角度的管道被注入马桶的，而非垂直注入的，当然会以不变的方向旋转！即使我把北半球的马桶拆下来，搬到澳大利亚去，水流冲洗马桶的方向也不会改变——原来是顺时针现在还是顺时针，原来是逆时针现在还是逆时针！

大家用想当然的科学知识来强行解释一些现象，这真是一个有害的行为！我在不计其数的电视节目和杂志上看到过它，甚至《体育画报》[1]有一期的泳衣专题也对此做过报道！更要命的是，他们描绘了从中美洲国家哥斯达黎加步行穿越赤道的事情，但事实上，哥斯达黎加离赤道足足有几百千米呢！是撰稿人弄错了，还是模特们真的徒步走了几百千米就不得而知了。

那么，既然科里奥利效应在水槽、大碗、平底锅这一类的小物体上并不会有明显的效果，那么麦克利维又是怎么做到的呢？毕竟，佩林可是亲眼目睹，该效应在麦克利维那儿确实起作用了。

实际上，麦克利维耍了个小把戏，欺骗了他的观众。如果你看了《极地之旅》中他的行为，就会发现他的马脚。他站在那条“赤道”上，并往盘里倒满水，然后往北走几米，就迅速右转，面向观众，拔出塞子，水以顺时针形式流出。接下来，他再把水倒满，向“赤道”南面走上几米，然后迅速左转面朝观众，这时，水就会以逆时针形式流出。

明白这是怎么回事了吧？他通过向一定的方向旋转控制了水流

[1]《体育画报》：英文名为*Sports Illustrated*，是世界著名杂志，1954年于美国创刊，时代华纳集团下属，拥有超过300万的订户。1964年首次发行泳装特刊，从此成为该杂志每一年度的热门议题，发行至今。

的方向！而且，当水盘转动时，方形的角对水流也有一个反向的推动力，可以让水更加明显地流动。

气象学教授弗雷泽曾经在课堂上做过这样的演示。他在教室中央画一条线——这当然不是赤道，他在宾夕法尼亚州任教——但他宣称这就是赤道，接下来，他所做的演示跟麦克利维的演示一模一样，当然，结果也一模一样。

如果还是不相信，那么根据科里奥利效应好好推测一下吧，你会发现：在北半球，向北流动的水会向东偏转，从而以逆时针方向旋转；向南流动的水会向西偏转，结果仍然是逆时针方向旋转。而在南半球则恰好相反，水呈顺时针方向旋转。

问题来了——这与麦克利维演示的结果正好相反！他是个骗子！道理讲清楚了，我们的案子终于结了。

实际上这非常可笑，这些骗子以此来挣几个小钱，但他们根本就没搞明白这个原理。尽管如此，我觉得这些骗子并不会饿死，因为他们玩的小把戏完全可以让水的旋转方向听从他们的支配，想怎么转就怎么转。当然，这与科里奥利效应可完全无关了。

抱小孩姿势里的秘密

[加拿大] 杰·英格拉姆

我们都知道，人的身体并不是完全对称的。几乎所有的人，不是习惯用左手，就是习惯用右手——看看左撇子和右撇子吧！左手和右手同样灵巧的人真是少之又少。

看一下婴儿转头的姿势，通常来说，向右转的次数比向左转要多得多，而且这种情况从婴儿尚在子宫中时就开始了。

成人也是一样。例如，接吻的时候，绝大多数人习惯把头转向右边。

最有意思的还是人们抱小孩的姿势。大部分女人喜欢把小孩抱在身体的左侧。虽然男人抱小孩时也有类似的倾向，但比例却要比女人小一些。在经过近50年的研究后，我们好像已经找到了问题的答案。

来看看吧，关于这个问题的解释可不少：大约19世纪初，研究者认为女人左侧的胸部比右侧更为敏感，所以本能地把小孩的头靠在身体的左边；后来，人们又推测说，人的右半球大脑主管情绪，抱小孩与母爱有关，所以人们习惯性地把小孩的头靠在右脑控制的部分——身体的左侧。

理论虽然很多，但任何缺乏数据支持的理论都没什么意义。幸好，现在有关抱小孩的研究有了一大堆数据。

艺术品中抱小孩姿势的演变

意外的是，最大宗的资料却最具有神秘色彩。生活中，我们几乎每天都能看到抱着小孩的母亲，但关于这个问题的研究，最好的资料却来自于古代的各种艺术品。

至少有三个研究小组，以古代艺术品为对象，了解古代的妇女是怎么抱小孩的。

其中，有两项研究是针对古代作品的，研究对象包括画作和雕像，时间跨度从古埃及、古希腊直到20世纪。两组研究的结果都是：大部分女人把小孩抱在身体的左侧——很多古代艺术品是以圣母玛利亚和圣婴耶稣为题材的，但根据具体时段的不同，情况也有所变化。

1975年，美国华盛顿大学的芬格发表了一份研究报告，他告诉人们，在他研究的那些早期艺术作品中——主要是14世纪末和15世纪初的意大利画家乔托和安吉利柯的作品——女人都是把小孩子抱在身体的左边。

但是，在15世纪后半期，这个习惯却明显发生了改变。在安吉利柯的26件作品中，把小孩抱在身体左侧的比例是100%；而在15世纪后半期的意大利画家波提切利的42件作品中，这个比例仅仅占到了38%。

后来，不知道什么原因，从18世纪开始，把小孩抱在身体左侧的习惯又复苏了，直到现在。

柏林自由大学的格拉索也从图画和雕塑里研究过抱小孩的习惯，他的研究结果与这个结果类似。在13~14世纪的作品中，婴儿被抱在身体左侧的比例比较高，但在15~16世纪的作品中，这个比例下降到大约50%。接着，这个比例慢慢回升，直到20世纪，达到了60%。

雕塑作品也是如此，起初，婴儿抱在身体左边的比例比较高，到了15世纪末，这个比例下降到了50%，而到了20世纪初，比例又开始回升了。

看来，人们对于大部分女人喜欢把小孩抱在左边的这个问题的理论解释并不能告诉我们导致这种年代差别的原因。而且，这种差别不仅仅出现在西方艺术里。

第三项对抱小孩艺术作品的研究，研究者是智利的神经学家阿瓦雷兹，研究对象是中南美洲的艺术作品。

情况随着地域的不同有不小的差异。公元前300年到公元600年，在墨西哥和中美洲的作品中，女人抱小孩以左边为主的占所有研究作品的83%。与此同时，安第斯文化（如今的哥伦比亚、秘鲁和厄瓜多尔）中，这种倾向就弱了许多，只有50%多一点。

当然，这是欧洲人进入美洲之前的情况，有趣的是，那是中美洲文化动荡不安的时代。

这三项研究涉及的作品总共有大约2600件，时间跨度约为2000年。

当然，这三项研究还有些不足：研究对象没有包括中国、印度、非洲等地区的作品；画作和雕像并不能真实反映当时的社会情况，至少没有摄影作品那么可靠；艺术作品可能受创作者自身习惯的影响会大一些。

不过，不管怎样，这也是一个内容翔实的资料库，有很重要的参考价值。

心跳声音的影响

心理学家沙克就这个问题提出了一个新的理论，引起了许多人的注意。

20世纪60年代，在纽约中央公园的动物园中，沙克看到了一只雌恒河猴把初生的小猴抱在身体左侧，突然灵光一闪：会不会是因为心脏在左边，或者说是心跳声，才是抱小孩姿势真正的秘密？是不是当母亲把婴儿抱在左侧胸口的时候，婴儿能更容易地听到母亲心跳的声音？

于是，沙克开始有意识地观察那些带着婴儿的母亲。他发现，在255个习惯用右手的母亲中，83%的母亲把婴儿抱在身体的左侧。令人惊讶的是，习惯用左手的母亲，也喜欢把婴儿抱在身体左侧，这个比例是78%。

沙克觉得很有趣，就问这些母亲为什么这么抱孩子。

左撇子妈妈通常说，自己平时就习惯于用左手，当然用左手抱孩子；而右撇子妈妈则说，用左手抱孩子，就能把右手腾出来做别的事儿了。

虽然两种答案听上去都挺有道理，但沙克认为，她们在面对提问的时候，只是为自己的行为找个合理的理由，其实这种抱孩子的方式，根本就是一种下意识的行为。

为了更深入地研究这种神秘的行为，沙克的同事魏兰德来到超级市场，找了个适当的位置，观察顾客经过自动门离开超市的行为。他之所以选择观察经过自动门离开的顾客，是因为这些人并不需要特别腾出一只手来开门。

他观察的顾客可不是抱小孩的顾客，而是抱着一个跟婴儿差不多大的袋子的顾客。

你知道吗？结果令人惊讶。在观察的400多名顾客中，把袋子抱在左边的和把袋子抱在右边的差不多各占一半，并不像抱小孩那样有那么大的差异。

这使沙克和魏兰德相信，把小孩抱在左边是一种特殊的行为模式，跟抱一般的袋子不一样。

沙克也研究过400多件以抱小孩为主题的艺术作品，研究结果跟上述结果差不多，抱在左边的要远远多于右边的。

除了研究艺术作品，他还特意去观察纽约的一家小儿科诊所，他发现，那些早产儿的母亲，在小孩出生后要跟小孩分开24小时以上，她们把小孩抱在左边的就比较少。

一个简单的实验证明了这点：把小孩不偏不倚地递到妈妈胸前，分娩后从未跟孩子分开的母亲，把小孩抱在左边的概率要大于那些曾经跟孩子分开的母亲。

沙克得出了一个结论：由于人的心脏处于胸腔的左侧，母亲心跳的声音在左侧听得更为清楚，这就是女人更喜欢把小孩抱在左边的原因。尚在子宫时，胎儿就已经听习惯了母亲的心跳声，出生后，对婴儿来说，母亲的心跳声是这个全然陌生的世界中少有的熟悉声音。

接着，沙克设计了一个实验，来验证自己的想法。他在一家医院的育儿室中播放人心跳的声音，另一间育儿室中则什么都不放。本来，沙克计划在另一间育儿室中播放加速的心跳声或者其他声音，但婴儿们听了这些声音后都哭闹不止，因此沙克只好更改了计划。三天后，听着心跳声的婴儿比起没听心跳声的婴儿体重增加更多，哭闹也更少。

因此，沙克认为，母亲的心跳声在婴儿与母亲的初期关系中起着重要作用。所以，母亲下意识地把孩子抱在左边，让婴儿更容易听到心跳声，也让他因此更安静些。而那些在婴儿出生后就分开一段时间的母亲，并没有在婴儿出生后就立即建立这种模式，所以发生这种行为的比例就低一些。

大脑不对称性决定抱孩子方式

沙克的理论和实验，说服力好像并不是那么强。

一些人认为，即使把孩子抱在右边，孩子也一样能听到母亲的心跳。

一些心理学家提出一种新的看法：也许母亲把孩子抱在左边，两人之间的亲子沟通会更容易些。

这种想法的依据是，我们大脑具有不对称性。人类的大脑几乎从正中间分开，分成左右两个半球，但是，这两个脑半球在处理信息上有显著的差异。

当然，左右半脑可不像很多广告中吹嘘的那样，是完全分开的。左右脑之间连接着非常粗的神经通路，可以及时沟通。当然，它们的分工也很明确。在婴儿和母亲的关系中，右脑的功能是处理情绪信号。对于脸部的表情和声音的语调，右脑的处理速度比左脑稍快，也更善于捕捉藏在表情里的情绪信号。

举个例子，心理学家有一种工具叫“假脸”，这种工具从中间分开，一半画着平和的表情，一半画着带着愤怒或悲伤等情绪化的表情。大部分看到假脸的人，感受到的都是物体的左半边，也就是假脸右半边的情绪。如果假脸左半边的表情是平和，但右半边的表情是愤怒，人们就会觉得这张脸的表情是愤怒。

人们之所以喜欢这么判断，是因为确认情绪信号的是右脑——两只眼睛与大脑的连线是交叉的，在第一时间里，左眼接收的信号会传到右脑中去分析，右眼接收到的信号由左脑来处理。当然，这只是瞬间效应，如果人们看一张脸的时间过久，左右脑就都能充分辨别出每半边脸的情绪了。

听觉也一样。左耳听到的信号基本传给右脑。有一种跟假脸类似的测试法，叫“双听”，同样能看出辨别情绪主要靠的是右脑。这种实验证明，如果耳机对两只耳朵播放带有不同情绪的句子，左耳听到的情绪信号显然要压倒右耳听到的。如果左耳听到的是愤怒的声音，右耳听到的是喜悦的声音，那么人们就会觉得自己听到的是愤怒的声音。

听演讲时，这种分工就更为明显了：左脑用来解读演讲的具体细节、语法和词汇，右脑用来处理流畅性和声调。

也许有人会问：这与女人抱孩子的姿势有什么关系？

想象一下，把孩子抱在左边，孩子的脸正好处于母亲的视觉和听觉范围内，孩子做出任何表情、发出任何声音，都能立刻传到妈妈的右脑中，而右脑正好善于判断情绪。如果把孩子抱在右边，母亲的左脑当然也可以处理孩子的情绪信号，只是处理起来没右脑那么灵敏罢了。

婴儿不能说话，我们可以测试母亲

除了在认知情绪方面有所不同，左右半脑在表达情绪方面也有差异。大脑的一边控制着相反一边身体的活动，也包括脸部肌肉。

在表达情绪方面，右脑也要优于左脑。也就是说，我们的左半边脸比右半边脸情绪更丰富。

这是很有趣的一个现象：当我们看别人时，会更注意他右脸的表情，而他更充分表达自己情绪的却是左脸。

母亲抱婴儿则不同了，被抱在左侧的婴儿，不仅可以露出自己的左半边脸，也能看到母亲的左半边脸。

婴儿不能说话，但我们可以测试母亲。

英国利物浦大学的曼宁是这个问题的一个研究者。他找来了大约400个女孩，年龄范围在6～16岁，用实验来测试她们抱小孩的方式。

也许有人提出疑问：为什么要找这些还没生过孩子的女孩呢？因为有实验指出，女性从4岁开始，就表现出把小孩抱在左边的倾向，这说明这种习惯并不是由生育引发的。

曼宁用逼真的洋娃娃来测试这些女孩抱小孩的习惯。他把女孩分为几组，分别拿眼罩盖住她们的左眼、右眼或双眼，看她们抱小孩的姿势会不会有变化。

实验结果表明，大脑左右半球功能的不同，可能真的会影响抱小孩的姿势。两眼都没被遮住的女孩，80%都把小孩抱在左边；右眼被遮住的女孩，跟这个比例差不多；而左眼被遮住的女孩，情况则不同：把娃娃抱在左边的女孩比例只有61%，甚至低于双眼都遮住的女孩的比例（66%）。

看来，左眼被遮住的女孩，她们跟娃娃的视觉接触被切断了，所以许多人被迫把娃娃移到视力没被阻碍的右侧。奇怪的是，尽管存在这么明显的视觉阻碍，超过一半的女孩仍然习惯把娃娃抱在身体左侧。

接下来，曼宁用母亲和她们的亲生孩子做了同样的实验。实验中，婴儿躺在婴儿床中，母亲坐在稍远的一张椅子上。然后，母亲走近婴儿床，抱起婴儿，然后再走到椅子那里。同样，他又用眼罩遮住了母亲的眼睛，这一次考虑到安全因素，他没有设置双眼都遮住的那一组。

这次实验的结果更明显了：两眼都看得见的母亲，在身体左侧抱孩子的比例超过60%；当左眼被遮住时，这个比例是60%。

但是，这个实验结果的奇怪之处在于：两眼都看得见的母亲，在身体左侧抱小孩的比例并不是传统的75%~80%。

曼宁怀疑这是因为这个实验中的婴儿比较大，最大的有11个月。之前的研究中，有科学家指出，母亲在身体左侧抱小孩的倾向，会随着孩子年龄的增长而慢慢消失。

看看这些实验结果，我们很容易相信：视觉的接触和情绪的表达，正是把小孩抱在身体左侧的主要原因。

男人是视觉动物

针对这个结果，又有一些后续实验被设计出来。然而，这些实验结果看不出这种关联。

在这些实验中，有一个非常特别，它几乎复制了曼宁的实验，只是实验对象改成了男人。结果人们发现，虽然女人受左眼遮住的影响并不是很大，但男人受到的影响却特别大。如果男人的左眼被遮住，几乎立刻会改成右侧抱孩子的姿势。

如果这个实验也有研究意义，那它是不是说明：与女人比较起来，男人更依赖于与小孩的视觉接触？但大家都知道，男人把小孩抱在左侧的倾向没有女人那么明显。这个矛盾真是非常令人迷惑。

但是，研究人员并没有气馁，他们还是相信，左侧抱小孩的习惯还是主要取决于右脑强大的情绪处理能力。其中，有些研究人员认为，如果视觉的作用在这个过程中并没有那么大，那么或许更重要的是听觉。

声音是情绪沟通的重点吗？

1996年，伦敦的沟通学家锡拉兹基和沃尔提出了一个观点：在母亲和婴儿的沟通中，声音起着比视觉更重要的作用。

他们认为，不同文化背景的母亲逗弄婴儿时都会发出类似的声音。看来，对小孩来说，母亲说话的声音比心跳声更重要。所以，抱孩子的位置就显得很重要：由于大脑与身体是交叉连接的，婴儿的声音会先传入母亲的右脑，右脑正好是用来辨别情绪的，所以在这种方式下，母子间的联系就会加强。如果小孩子被抱在母亲身体的右边，根据锡拉兹基和沃尔的说法，就是“催眠曲听起来就不太一样了”。

不幸的是，支持这个想法的证据很难被搜集到。英国维尔斯大学的特恩布尔和亚伯丁大学的布里森对大学部女生做了两个测试：一是当听到一段不熟悉的语言时，她们的右脑表现出来的情绪判断力是怎样的；二是她们抱婴儿的习惯是怎样的。

如果说，抱婴儿的习惯真的与声音感受力有关，那么，右脑分辨声音情绪的能力越强，把婴儿抱在左侧的倾向就会越强。这两者应该是一种正相关关系。

但是，实验结果没有证明这种关联。他们发现，的确有3/4的女大学生把娃娃抱在身体左侧，这和她们左耳分辨情绪的优越性却没什么关系。两个研究者怀疑，抱婴儿的习惯是不是跟视觉、听觉、触觉等感觉器官都有关系，并且因人而异呢？不过，到目前为止，还没有人能设计出一个完善的实验。

这就是关于抱婴儿的研究的进展。

就算把婴儿抱在身体左侧真的和我们的右脑善于处理情绪的功能有关系，这里面仍然存在着疑点。在前面对艺术作品研究的段落里，我们提到过，从画作和雕塑中可以明显地看出，在几个世纪中，欧洲人抱小孩的姿势曾经发生过改变，先是倾向于左抱，又变成右抱，再变回左抱。这种变来变去的原因，又怎么用左右脑的差异来解释呢？

你可能会提出一个观点：或许那时候人类的神经构造差异在短时间里发生了改变。另外，我们从中南美洲的艺术作品中，也能清楚地看到抱小孩的姿势有明显的地域差异。可是，如果你听说过一项马达加斯加[1]的研究，一定会更加迷惑——在这个地区，女人更喜欢把孩子抱在身体右边。

如果抱小孩的真正秘密在于人的大脑，那么我们可要好好找出一个方法来解释这些时间上和地域上的差异。

这项工作的难度可非常大，虽然大脑的可塑性和适应性都非常强，大脑也需要非常强大的影响力才能做到两个半脑特性的互换，但事实上，没人能知道这种影响力是什么，又如何达到。

当然，在一部分左撇子身上，曾经出现这种特性互相转换的情况，但那毕竟是很少的一部分。而且，我们知道，把小孩抱在身体

[1] 马达加斯加：全称马达加斯加共和国，非洲岛国，位于印度洋西部，隔莫桑比克海峡与非洲大陆相望，全岛由火山岩构成。马达加斯加是非洲第一、世界第四大的岛屿，旅游资源丰富。马达加斯加居民中98%是马达加斯加族人。作为世界最不发达的国家之一，马达加斯加的国民经济以农业为主，农业人口占全国绝大多数，工业基础比较薄弱。

哪一侧其实跟母亲的左右手习惯并没有太大关系。

很可能我们现在掌握的所有实验结果和得出的结论，并没有真正解释抱小孩姿势的秘密。

我必须承认，当我第一次听到脑半球的解释时，觉得很难相信。毕竟，虽然我们很多人都知道右脑擅长处理情绪信号，可是要把它硬扯进来，说在左侧抱孩子的姿势可以更好地辨识婴儿的哭声和笑容，听上去确实有点牵强。或许这些科学家过分强调了两个半脑的差异。

但是，答案如果不是这个，那又会是什么呢？看来，我们只能期待着更深层次的研究结果了。

眼睛的进化史

[英国] 卡尔・萨巴格

一些反对达尔文进化论的人经常拿人的眼睛作为例子——看吧，眼睛这种东西是多么复杂，但远古的人类也拥有眼睛，怎么能说这些复杂的东西是经过了几百万年，经过一代又一代的进化而形成的呢？

我真不明白他们为什么总是喜欢拿眼睛来举例。如果你懂得哪怕一点点人体解剖学和生理学，就会知道，人类的每个器官都设计得十分精巧，人在七八十年的一生中，每天所做的具体的事情大都由身体的某一部分来完成。想想吧，人体不断生长，不断适应不同的环境，在受伤或生病后还可以自行修复。

肾脏、肝脏、大脑、消化系统、血液循环系统……如果你不懂科学，这些看上去复杂极了，都很难解释明白。许多批判进化论的人就是这样。

对非科学人士来说，或许理解眼睛的工作原理要相对容易一点，毕竟我们常见的照相机、望远镜、显微镜等光学仪器，都能够帮助我们理解眼睛的原理。所以在各种器官中，人们总是更关心眼睛的进化。我们知道，大部分光学产品的设计和制造过程都是十分精细的，像精细加工的镜头、聚光材料、聚焦装置等。那么，有人或许会问：生物的设计制作过程跟这类似，难道这些不是受智慧控制的吗？

但是，让我们好好看看，生物学家手中有充足的证据能证明眼睛的进化过程并没有很多人想象的那么困难。他们的资料可以告诉我们，从地球生命存在的时间长度来看，人类眼睛的进化是一个长期的过程，每个阶段都会发生一点小变化，并不是许多人认为的那么突飞猛进。要知道，人的眼睛并不是一下子出现在第一批人类身上的，在人类出现之前，动物身上已经长出了很多形态各异的聚光器官，进而一步步进化成动物和人类的眼睛。

如果非要问问具体的时间，可以追溯到鱼类的进化，甚至更早的5亿多年前。

让我们来看一看。最初阶段可能是这样的：某个生物的表皮细胞发生了基因突变[①]，这些细胞变得对光和暗影比较敏感。这样的性状让它具有了一些小小的优势，如果光敏细胞感受到了捕食者的影子，它就能察觉到，从而快速逃开。而其他的同类有可能被吞食掉。这些生物又把这样的性状遗传给了后代，这样一来，有感光细胞的生物种群的数量就增加了，它们就有了越来越多的生存机会。这样一切正常，变化的只是生物种群的数量。然而，基因突变还在发生，某一天，一个新的基因突变让感光细胞全都落在皮肤上的一

①基因突变：一般来说，基因十分稳定，在细胞分裂时可以精确地复制自己。但是，这种稳定性是相对的。在一定的条件下，基因可以从原来的形式突然变成新的存在形式，也就是说，在一个位点上，突然出现一个新的基因代替了原有基因。基因突变是可以遗传的，表现在后代身上，就是后代突然出现了祖先从未有的新性状。

个浅坑中。现在，这种生物又有了新的优势，它不仅能知道附近有敌人，还能判断出敌人大概在哪个位置。渐渐地，带浅坑和感光细胞的生物在种群中占了数量上的优势，任何浅坑区域的基因突变都能提高这只雏形眼睛的精确度，从而造成更大的生存优势。随着一代又一代的进化，眼睛就形成了。

这并不是信口开河，此类眼睛可以在一些化石上看到，在今天的扁形虫和软体动物身上也能找到。

随着进化，浅坑上面的缝隙越来越小，当小到一定程度后，就形成了针孔相机的效果，于是，这种器官有了质的飞跃——不仅仅是感受光影，而是可以形成图像了。

眼睛在经历了几个阶段的初级进化后，又形成了晶状体和视网膜。有人听了眼睛最初进化阶段的解释，仍然感到不解：一切都“刚刚好”的可能性太小了，这些构件怎么就能依次进化，然后组合到一起，和谐地工作呢？他们或许会说：“不完善的眼睛没什么用。”

让我们来听听生物学家塔奇的说法吧。就算不完善的眼睛，也比完全没有眼睛要好。即使没有用来精确对焦的晶状体，光有视网膜，用处也不小。即使视网膜尚不够完善，也能分辨出光明和黑暗，能感觉到有没有东西在动。在最初的时候，单有一个光感受器就已经很有用了，更不用说是视网膜了。刚开始，晶状体可能仅仅是一个透明的保护层，结构非常简单，后来才具备了聚焦的功能。就像达尔文说的那样，我们能看到，许多动物的眼睛都比人类的眼睛简单得多，甚至许多属于微生物的单生生物仅有单点眼。

怀疑进化论的人还有一个很大的问题：发生这一系列细微的变化，总共需要多久呢？其实，在进化过程中，最充裕的东西就要数时间了。

瑞典科学家尼尔森和佩尔杰做过一个仿真实验，非常有趣。他们用一个电脑生成的光感受器，模拟随机基因突变的结果。每一“代”，他们都只保留具有微弱的收集分析光线能力的后代，然后在这些后代中随机地激发突变，同样，只允许具有微弱优势的后代“繁衍”下一代。

实验的结果非常令人惊奇。两位科学家根据生物学和遗传学知识，以非常保守的态度设定了一些假设。在这些假设的前提下，他们得出了一个结论：从平坦的皮肤进化成有功能性的眼睛，大约需要40万代。许多小动物的生命期限仅为1年左右，计算下来，它们只需要不到50万年的时间就能进化出眼睛。而现实是，复杂的动物已经存在了大约5亿年之久，所以无论哪个生物种群，从无到有地进化出眼睛，时间还是绰绰有余的。

看看已知的基因突变率，再看看地球生命存在的漫长时间，你不得不承认，进化是完全可能的。如果在这样的条件下，生物没有进化成如此复杂的性能，那才叫不可思议呢！

受冤枉的辐射

[美国] 克里斯托弗·万杰克

你听说过磁共振这种医疗检查项目吗？如果没有，那你听说过磁共振成像吗？这或许听过吧！就算没听过，也没关系。磁共振成像是用来给人体的软组织[1]拍照的，它可以发现身体里的肿瘤和一些异常变化。它的原理是：这些机器利用磁铁和低能量无线电[2]辐射脉冲[3]，刺激体内水分子和脂肪分子中的氢原子，从而获得图像。你一定见过这种仪器——个头很大，白色的，病人躺在上面的检查床上，然后被送到大大的仪器中央进行检查——这看上去多么像经典科幻小说中的场景呀！

可是，很多人不知道，磁共振成像原本的名字叫作核磁共振。

---

❶ 软组织：指除了骨骼、淋巴造血组织和神经胶质以外的所有非上皮性组织。软组织包括人体的皮肤、皮下组织、肌肉、肌腱、韧带、关节囊、滑膜囊等组织，以及神经、血管等。

❷ 无线电：指在空气和真空等自由空间中传播的电磁波的一个有限频带。上限频率是300GHz，下限频率比较不统一，在各种射频规范中有所不同，常见的有3kHz～300GHz，9kHz～300GHz，10kHz～300GHz等。

❸ 脉冲：在短时间内发生突变，又迅速返回其初始值的物理量。也就是说，隔一段相同的时间发出的波等机械形式就叫作脉冲。

可是，初期的市场调查显示，大家都很害怕“核”这个字眼，如果要让他们接受这项新的检查，大多数人都会很犹豫——虽然这种检查可能会救了他们的命。

眼看着一个拥有上亿美元价值潜力的产业会被一个“核”字毁掉，这个行业的人做出了果断的决定：把“核”这个字眼去掉。相比而言，“磁”这个字眼倒没什么大问题，很多人家中的冰箱上就有带磁铁的冰箱贴。

在人们的观念中，“核”约等于“辐射”，而“辐射”几乎是“癌症”和“死亡”的代名词。

别笑，虽然现在看来，改名这个举动颇有点自欺欺人的意味，但在初期，这确实是一个事实。直到现在，我们还是很惧怕辐射，因为我们并不知道，绝大多数辐射其实是无害的。

雷达气象塔能够为人们提供早期的飓风警报，可是这些雷达气象塔几乎都被停止使用了，有些甚至都没建起来。当地的居民害怕这种塔中发出来的辐射，对他们来说，这种无形的辐射甚至比真实的、时速100英里、能卷起玻璃碎片的暴风还要可怕。绝大多数人不知道，这种塔发射出来的辐射，比我们每天从太阳光中获得的辐射要低上好几级呢！

现在，手机产业在辐射问题上也遭到了很大的打击。几乎每个人都觉得，手机辐射对身体健康有害，甚至有人认为，手机辐射总有一天会让我们患上脑部肿瘤。

让我们看看相似的历史。20世纪60~70年代，微波炉刚刚开始普及，人们对此非常担心。那时，微波炉产业的发展很艰难，主要的客户不是家庭，而是饭店。人们不想用微波的辐射来烹饪食物，却不知道从很久之前，人们就已经开始使用另一种形式的辐射——

火来烹饪食物了。归根到底，辐射本质上是一种能量：能量以波的形式传播（比如来自火炉的红外线能量），或作为亚原子粒子进行传播。

电磁波谱是纯辐射，它包含无线电波、微波、红外线、紫外线、可见光以及X射线、γ射线等。一部分波谱[①]是有用并且无害的，例如，没人认为无线电波是对人体有害的。当然，那些最无聊的前十名的流行音乐电台所发出的无线电波除外——如果你收听这种节目的时间太长，可真是非常有害的。

对于狙击手和间谍来说，红外线可是个好东西。他们用红外线镜，能够在晚上看到东西。因为不管开没开灯，所有有热量的物体，包括人和建筑物等，都能发射出红外线。

至于可见光，人们就更熟悉了。彩虹的七色光，是最常见的可见光。

可是，人们不会对可见光如临大敌。而能量充沛的辐射——紫外线、X射线以及带着那些古怪希腊字母α、β、γ的辐射就比较麻烦了。这些辐射我们稍后再细说。

先说说微波，这是一种低能辐射形式。在烤炉内，微波被聚集起来，通过振动食物中的水分子产生热量，以使食物变熟。因为热量可以聚集在食物里面，所以这种烹饪方法非常有效。我们再看看其他的烹饪方法。在炉子上，煤气火焰或者电产生红外辐射，红外辐射再把能量传给煎锅，煎锅又把热量传递给上面的食物，热量破坏食物里面的化学键[②]，从而让食物变熟。而微波烹饪食物，跟传统方式烹饪食物的过程在本质上是一样的，只不过微波减少了能量的

①波谱：以任何一种形式展示的电磁辐射强度与波长之间的关系。

②化学键：让离子相结合或让原子相结合的作用力。

损耗，加速了这一过程。

20世纪70年代，《纽约客》[1]调查记者布罗德的报道加剧了人们对微波的恐慌。在这些报道发表之后，他随后又出版了一本听着很权威的书——《美国的辐射》。在这本书中，他转载了很多惊人的数据，例如，第二次世界大战以来，微波炉、电视机和雷达发出的电磁辐射量增加了1亿倍。听上去确实很吓人，而且这个数据也许是真的。但人们都忘了一点，相对于太阳甚至我们自身发出的天然辐射来说，这个数字是微不足道的。而且，无数医学研究已经告诉我们，微波炉并不会致癌。现在，很多家庭都放心地用着微波炉，不再像以前那么恐慌，也没有人因为用了微波炉而生病。

1979年，电力线又造成了一个恐慌。电力线的用途是传递电力或电磁力。在丹佛、科罗拉多和周边地区，有些孩子得了白血病。一个流行病学家来到了这里，想找出潜在的污染源。他走了几个地方，发现这些得病小孩的家都在电力线附近。是这些电力线引发了孩子的白血病吗？答案并不清楚，这很值得研究。于是，他们开始了调查，这一调查持续了18年。结果却很令人意外——一无所获。但是，问题涉及生病的孩子和罪恶的大型电力公司，这是一个多么好的电视新闻呀！作为《纽约客》杂志专门关注微波的记者，布罗德开始在杂志上报道这件事。《死亡电流》就是他反微波后的又一部力作。

来自电力线的低水平辐射，其能量非常低，跟白血病的关联其实相当微弱。DNA损伤是癌症的根源，而这种辐射是否能导致DNA的损伤，我们还不知道。我们知道的是，上百万人生活在其他电力

---

[1] 《纽约客》：美国著名周刊，创刊于1925年，是一本综合文艺类刊物，在一定程度上是美国精英文化的代表。

线附近，但那些地方的孩子白血病发病率一点儿都没有比其他地方的高。

电力公司和美国能源部说，电力线并不是唯一的辐射源，所有带电的物体都会产生辐射，像电热毯、电视机、电话机和电灯等。虽然这样，激进分子们仍然控诉电力公司和美国能源部，认为他们隐瞒了真相。

公众都卷入了这场恐慌，至少好莱坞已经卷了进来。1992年，墨菲的电影《滑头绅士闯通关》讲述了一个故事：一个骗子被选为国会议员，最后却作为一个环境保护者与一家公司斗智斗勇，因为这家公司的电力线布设在游戏场周围，一名小男孩因此得了癌症。他最终在这场“战斗”中伸张了正义。

1996年，美国国家科学院跟国立卫生研究院一起，准备解决电力线辐射的问题。他们组织了许多现代科学名人——他们非常有学识，也非常保守——经过了三年的调查后，得出结论：电力线与任何癌症都没什么关系。1997年，国立卫生研究院通过了一项长达7年之久的综合性研究，同样也没有发现什么联系。1999年，加拿大发起了一场全国性的研究，结论也是一样——没什么联系。根据白宫科学办公室的报道，由电力线辐射恐慌发起的研究，费用超过了250亿美元。或许很多人不明白这个数字的概念，这么说吧，用这些钱，我们可以把人发射到火星上，再实际一点，或许能开展一些治疗白血病的研究。

那么，究竟什么样的辐射对人类是有害的呢？很多人把所有类型的辐射都视为危险的电离辐射。这种辐射的能量很大，可以从原子中释放出电子。手电筒等可见光无法穿过胸部，但是无线电波和微波能很顺利地穿过它。而电离辐射则更恐怖了，它不仅会穿过，还会损害体内细胞的原子，把电子从DNA分子上分离出来。紫外线辐射就是一种电离辐射，过多的紫外线辐射能让人患上皮肤癌。X射线和γ射线也是一种电离辐射。如果做太多X光检查，有可能引发器官肿瘤。所幸最恐怖的电离辐射是在太空中产生的，地球的大气层挡住了大部分，让它没办法来到地球表面。而无线电波、微波、红外线和可见光，无论有多大能量，都不会从原子上激发出电子而导致细胞损伤。只有具有足够能量的光子——光粒子才能激发出电子。而这种足够的能量，只有紫外光谱[1]的那一端才有。

我们每天接触的电离辐射，80%以上来自天然光源：宇宙射线是宇宙里的原子粒子，α粒子和β粒子是放射性气体氡发出来的。实际上，电离辐射很难避免。比如，氡气发出的辐射占了天然电离辐射近70%的比例。

我们惧怕电离辐射，但实际上，几乎80%的电离辐射是无法避免的。当然，我们没必要接触额外的电离辐射。现在人们之所以谈辐射色变，主要是因为核能发出的电离辐射让人健康受损。

核电站的问题就在于用过的燃料，即“核废料”。许多科学家认为核能是清洁的燃料，因为在发电过程中，它并没有向空气中排放污物、烟尘等污染物。可是，用过的核废料的危险性大约能存在500~10000年，一旦处理不当，确实会造成难以估量的危险。

至于人们对手机、微波炉、电力线发出的辐射的恐惧，就显得有点杞人忧天了。

---

[1] 光谱：复色光经棱镜、光栅等色散系统分光后，被色散开的单色光按波长大小而依次排列形成的图案，人们把它称为光学频谱，简称光谱。按波长区域的不同，光谱可分为红外光谱、可见光谱和紫外光谱。

牛奶该不该喝

[美国] 克里斯托弗·万杰克

很多地方的人并不喜欢喝牛奶，很多人的肠胃也无法消化牛奶。牛奶的名气之所以这么大，是由于它含有丰富的钙，而钙这种矿物质非常重要，可以让骨骼变得更强健。但是，牛奶中还含有脂肪和动物蛋白，甚至还有人工合成的激素。注射了激素的奶牛，产奶量可以比它一个世纪前的祖先多两倍。这些激素对人体健康有什么影响，对人体钙质吸收有什么影响，我们都不知道。

问题就在这儿，富含钙质的牛奶也含有激素等成分。与其费力去分析这些激素对人体有没有危害，还不如去找钙的其他来源。比如，同等热量下，羽衣甘蓝的含钙量比牛奶要丰富得多。许多国家都采取了这一方法。

可是，当面对沙丁鱼、凤尾鱼、大豆、豆制品和烧鸡的诱惑时，又有几个人能心甘情愿地去吃那些富含钙质却不怎么美味的绿叶蔬菜呢？

最终的结果是，美国主要的健康组织，无论是官方的还是私人的，都建议人们多喝富含钙质的牛奶。确实，在食物金字塔上，乳制品总是稳居魁首，甚至有些极端分子怀疑乳品业与这些健康组织有暗中勾结的关系。真相是不是像他们说的那样，我们就不知道了。我们只知道这些组织大力倡导喝牛奶补钙，却没有明确地提出其他的补钙途径。

钙对人体究竟有什么益处呢？钙能让骨骼更强壮。在人的一生中，钙这种矿物质不仅存在于骨头中，还存在于血液中，对肌肉收缩、心脏平稳跳动和传递神经冲动，都有非常重要的作用。钙还是能量代谢和消除废物的关键因素。骨骼稳定地把钙释放到血液中，去完成这些功能，同时又从食物中吸收新的钙。

青少年的骨骼、肌肉和神经处于迅速生长期，他们需要的钙比成年人更多。直到30岁左右，我们摄入的大部分钙都被储存在骨骼里。钙质沉积对人体非常重要，因为30岁以后，骨头中钙的流失要高于钙的吸收。打个比方，年轻时钙的储存就像积攒退休金，到了一定的年龄后，钙的流失就相当于在花退休金。如果没有固定的储存以及额外的补充，骨头就会慢慢变脆，并很容易折断。所以，老年人对钙仍然有需求，甚至更高。

骨质疏松症就是由于骨骼中流失的钙要远远高于骨骼中吸收的钙引起的，而具体的原因，至今还没有明确的结论。很多美国妇女在更年期结束后，都会患有程度不同的骨质疏松症，一些男人也患有这种病症。

既然如此，那么喝牛奶补钙看起来仿佛顺理成章。可是人们为什么还会讨论要不要用喝牛奶来补钙呢？牛奶的最大坏处就在于它含有脂肪。全脂牛奶中大概含有4%的脂肪，而牛奶脂肪很容易导致肥胖。美国国立卫生研究院以及国家骨质疏松基金会建议人们喝脱脂牛奶，但是人们好像并不太喜欢。有研究发现，母乳喂养就能使婴儿变胖。也有传言说，德国和日本曾经给美国俘虏吃了不少冰激凌和牛奶脂肪，为了让他们变胖点，被释放回家时看上去没那么糟糕。

当然，摄入牛奶脂肪如果只持续几个星期还好，但如果长期摄入的话，这些多余的脂肪可要堆积一辈子：血液中胆固醇的水平会提高，并导致动脉闭塞、脑中风或心脏病。

为了比较健康地喝牛奶，你至少要选择脱脂牛奶。或许有人会反驳说：20世纪50年代的孩子们在成长期喝了大量的牛奶，在他们长大成人后，除了这一代人的胆固醇过高外，却没患有什么明显的疾病。事实确实如此，但很多人忽略了一点：当今儿童的玩耍方式跟以前截然不同了，相比之下，现在孩子们的运动量没以前大了，不能消耗足够的热量，相应地，他们的脂肪出现堆积也比以前更早了。

除了脂肪，牛奶中还含有动物蛋白。这本身不是坏事，但令人不解的是，动物蛋白会促进骨骼中钙的释放，并将这些钙随着尿液排到体外。从这个角度来说，牛奶喝得越多，钙流失得也越多。喝牛奶，究竟是补充的钙多，还是流失的钙多呢？科学家们就这个比例争论不休。一些科学家举出了一个看似很有说服力的事例：在斯堪的纳维亚地区[①]和美国，乳制品消耗最多，可是，这些地区髋骨[②]等骨头的骨折率也最高。而骨折，就是最常用的衡量骨质疏松的办法。

实际上，耶鲁大学有研究人员指出，一般情况下，摄入动物蛋

① 斯堪的纳维亚地区：位于北欧，在地理上是指斯堪的纳维亚半岛，包括挪威和瑞典；在文化与政治上，除了上述的地区，也包括丹麦。

② 髋骨：人体腰部的骨骼，共左右两块。左髋骨、右髋骨、骶骨、尾骨以及它们之间的骨连接在一起，就构成了我们常说的骨盆。

白与骨质疏松有一定的关系。在南非，骨质疏松是很少见的疾病；而在喝牛奶、吃肉的非裔美国人中，这种疾病却很常见。哈佛正在进行护理健康研究，已经历时多年，可是尚未得到牛奶可以预防老年女性髋骨骨折的证据。

过量的钙还会降低血液中一种抗癌型维生素D的含量。但让人觉得讽刺的是，维生素D恰恰是钙进入骨骼的必需品。一般来说，人在晒太阳时，会促进身体生成更多的维生素D。斯堪的纳维亚地区由于接近北极圈，缺乏阳光——特别是冬季，所以那里的人面临着双重打击：骨骼中大量的钙溶解后进入血液，抗癌型维生素D明显降低。

从成分上来说，牛奶相当于液体的肉，而且由于美国人习惯食用肉类和乳制品等含有大量动物蛋白的食物，容易导致身体中钙的流失，反过来需要更多的钙。算下来，美国人每天需要补充1000~1300毫克的钙。

而亚洲人的情况与其形成了鲜明的对比。亚洲人每天只需要500多毫克的钙来强壮骨骼，他们吃的肉比美国人更少，但吃的绿叶蔬菜、豆腐比美国人多，他们甚至经常吃可以连骨头一起吃掉的小鱼。从这些饮食中，他们获取了充足的钙。他们也没有食用乳制品的习惯。跟世界其他地区的人们相比，亚洲地区的人们患骨质疏松症的概率更低。

其中，日本消费乳制品最多，骨质疏松症的患病率也是亚洲地区中最高的。即使不考虑动物蛋白让钙溶解的因素，单看牛奶中钙的吸收，情况也没那么乐观。虽然牛奶的含钙量很高，却没办法把这些钙充分运输到人体中。补钙，关键在于吸收，人体仅能吸收牛奶中32%的钙。相比之下，人体对羽衣甘蓝、芥蓝、西兰花、萝卜叶等蔬菜中钙的吸收率可达50%。这真令人惊讶！看上去，全脂牛奶大概是最不理想的补钙品了。如果真想喝牛奶，那还是选择脱脂牛奶比较稳妥些。

除去牛奶本身的成分，牛奶中的激素也同样让人大伤脑筋。人们倡导母乳喂养，就是因为母乳能够给婴儿提供充足的营养和抗体，帮助婴儿建立起免疫系统。可是，母体中的毒素也会通过这种方式传给婴儿。香烟的毒素和酒精都很容易进入母乳，含有威士忌的母乳甚至能让一个婴儿喝醉！单就乳汁的产生来说，牛和人并没什么区别。给牛注射的激素会遗留在牛奶中，并被人们喝下去。喷洒在蔬菜和水果上的农药，可以通过清洗洗掉，但人们无法从买来的牛奶中除掉激素。有些激素甚至还会致癌，相关的研究仍在进行中。欧盟反对使用一种生长激素rBGH，在1994年的时候对其下了为期两年的禁令，后来又延长到2002年。

确实，rBGH可以增加牛的产奶量，但是注射了这种激素的牛通常寿命会变短，或者容易患上乳腺炎，产出的牛奶中常常含有脓液。这不仅涉及人类的健康，还涉及动物权利保护问题。

rBGH对人类的影响尚属未知，但这种激素好像能间接导致前列腺癌。虽然这两者的确切关系尚在研究中，但不得不说，这是一个很值得注意的因素。rBGH背后的孟山都公司竟然隐瞒了这一事实，这很值得人们警惕。

许多牛都注射过rBGH，有数百万人不明所以地饮用了这些牛生产的奶。直到1997年，才开始有一部法律出台，禁止奶农在自己的产品上随意贴上“没有使用rBGH”的标签。一个品牌的冰激凌也受到了同样的禁令。这部法律真是非常奇怪，其中有没有什么利益纠葛，我们就不得而知了。

放下这些云里雾里的争论，我们来看看另一个事实。世界上有75%的人对乳糖不耐受。也就是说，这些人的身体里缺乏能够充分消化牛奶的酶。这些人喝牛奶并不会发生生命危险，但会有胃疼、腹泻、胃肠胀气等难受的反应。

所有的新生儿都会产生一种乳糖酶，可以帮助他们充分消化母乳，但是绝大部分人在断奶后就不再产生这种酶。这就是为什么这么多人对乳糖不耐受的原因。

1996年，《美国饮食学会杂志》公布了一项研究结果：50%的墨西哥人、70%的非洲裔美国人和美国原居民、90%的亚裔美国人都有乳糖耐受不良的表现。这些人一次只能喝少量牛奶。欧洲人作为第一个接触牛奶的人群，大约在1万年前就产生了乳糖酶。但纵观整个人类历史，喝牛奶还是最近的事。

乳品业还会坚持宣传他们的产品。如果你的孩子喝的是不含有害添加剂的脱脂牛奶，那还是个不错的选择。如果再有广告宣称“牛奶有益健康”时，你可能不会再轻信，而是有了自己的一套认识：牛奶或许比饮料更有益于健康，不过还没有充分的科学证据来证实这一点，而且，也许我的身体根本没办法消化它。

小天鹅

[俄国] 马明·西比利雅克

一

多雨的夏天，我很喜欢到森林里去走走，你要知道，夏天的雨是暖和的。这样的天气要是在城市里肯定是一片泥泞，在森林里却大不相同。土地贪婪地吸取着雨水，你简直像走在微微湿润、由针叶铺成的地毯上，针叶是松树和枞树去年散落下来的。树上点缀着明亮的雨滴，只要树枝轻轻动一下，雨滴就会洒落到你身上。

当雨后的太阳直射森林上空时，整个森林仿佛闪烁着金刚石一般的火花，颜色异常鲜亮。这时，节日一般的快乐气氛萦绕在你的周围，使你不知不觉成为大家期盼的亲切客人。

正是在这样的一个多雨的日子里，我走进光明湖，去往渔场看守人塔拉斯的住处。雨下小了，天空的另一边已经放晴了，要不了多久，炙热的太阳又会出现在天空。

林间小道忽然转了个急弯，我来到一个很陡的山岬上，这山岬好似一条宽大的舌头从湖里伸出来，非常有趣。实际上，这里并非真正的湖，而是夹在两湖中间的一条宽阔水道，渔场就在水湾边的低岸上，水湾里停靠着许多渔船。两湖中间的水道是由遍布树木的一个个岛屿组成的，这些岛屿就像一顶顶绿色的帽子，散落在渔场对面。

当我出现在山岬上时，塔拉斯的狗叫了起来。它看见生人总会发出尖厉而断断续续的叫声，好像在生气地问："你是谁？"

我喜欢这种单纯的小狗，因为它们聪明，并且忠诚。

从远处望去，渔场好像一艘倒扣的大船——木头制成的旧屋顶有些弯曲，上面生长着茂密的绿草。小屋周围长着繁茂的狭叶柳叶菜、鼠尾草和熊笛草，因此，从远处看去，小屋只露出一个头。这种稠密的草只生长在湖岸旁，因为那里土壤肥沃，湿气充足。

当我接近小屋的时候，草丛里突然蹿出一条花狗，朝我狂叫。

"别叫了，小黑貂……不认识我了？"我说。

小黑貂犹豫着停下来了，很显然，它还不相信我是个老朋友。它警惕地靠近我，嗅我的长靴。经过了一番"问候"以后，它抱歉地摇了摇尾巴，仿佛在说："哦，对不起，我搞错了。不过，我总要好好看守主人的屋子呀。"

小屋里没有人，塔拉斯大概是到湖边查看渔具去了。

小屋周围冒着淡淡的烟，一捆刚砍下的木柴、搭在柱子上的渔网，还有嵌在木桩上的斧头，这一切都说明这里是有人住的。

通过小屋半敞着的门，我能看见塔拉斯家的所有家具。猎枪挂在墙上，墙上挂着各种渔具，土炕旁边有几个坛子，长凳下面有一个箱子。小屋很宽敞，冬天，所有的捕鱼工人都可以住在这里。

夏天，就只有塔拉斯这个老头儿孤单地住在这里。不管什么天气，每天他都会烧很热的俄国炉子，睡在吊床上。他是这么爱暖和，这也说明他已经到了可敬的年纪——他大概有90岁了。我说

“大概”是因为就连塔拉斯也搞不清自己是什么时候出生的。“还在法国人以前呢。”他的意思是说，他是在1812年法国人入侵俄国以前出生的。

我脱去潮湿的短上衣，把猎枪挂在墙上，开始拨旺炉火。小黑貂挨近我，转来转去的，它似乎预感到会有某种好处。小火苗快活地燃烧着，冒出一缕缕青烟。

雨已经停了。天空中浮游着残云，掉下几滴雨，有些地方太阳已经出来了。在7月艳阳的照耀下，潮湿的草好像冒出丝丝轻烟。

雨后的湖水一片宁静，还隐约传来新鲜的鼠尾草和附近松林里松脂的芬芳气息。一切都很美好！恐怕只有在幽静的森林一角才会有这样的美好。

在水道右侧的尽头，清澈如镜的光明湖泛着淡淡的绿光，湖后是连绵的高山。简直是美好无比的角落！也难怪老头儿在这儿整整住了40年。城市里根本没办法与这里相比，因为在城市里花再多的钱，也不能买到新鲜空气，特别是弥漫在这里的幽静气氛。

渔场真是个好地方呀！

熊熊的火欢快地燃烧着，炽热的太阳也晒得更厉害了。望着波光粼粼的湖面，我的眼睛都有些刺痛了。我要是坐下来的话，就离不开这奇妙的、自由自在的森林了。

为了等老头儿，我把一只行军用的铜茶壶吊在长棍子上，放在炉火上烤。不一会儿，水就烧开了，可是老头儿还没回来。

“这老头儿上哪儿去了呢？”我自言自语道，“检查捕鱼工具？那是早晨做的事情，而现在已经是中午了……也许他去看看有没有不打招呼就捕鱼的人？小黑貂，你的主人到底躲哪儿去了？”

这条聪明的小狗只是摇晃着毛茸茸的尾巴，咂了咂嘴巴，不耐烦地叫起来。从外表看，小黑貂属于猎狗一族——它的身子不是很高大，尖嘴长脸，耳朵竖起，还有向上弯曲的尾巴。虽然它看起来有点像普通的看家狗，但你要知道，看家狗在森林里是找不到松鼠的，它们也不会咬野鸡，更不会追踪麋鹿。总之，它是地道的猎狗，是人们最好的朋友。

当这位朋友兴奋地叫起来时，我知道它的主人回来了。是的，水道上出现了一条黑点大小的渔船，塔拉斯就在上面。他站在船上，用一支桨灵巧地划着船——真正的渔夫都是在独木船上这样航行的。奇怪的是，他靠近岸边时，我看见船前有一只天鹅在游。

“回家去，爱游荡的家伙！”老头儿赶着那美丽的鸟儿说，“回家去，回家去！看我还会不会让你随便游到其他地方去？回家去，爱游荡的家伙！”

天鹅优雅地游进渔场，走上岸，抖了抖身体，然后磕磕绊绊地扭动着弯曲的黑脚，向小屋走去。

二

塔拉斯是个高个子老头儿，有一双严肃的灰色大眼睛，留着络腮白胡须。整个夏天他都光着脚，也不戴帽子。他的牙齿十分完整，头顶的头发也没有脱落，黝黑、宽阔的脸上刻着深深的皱纹。天热的时候，他只穿一件由农家青麻布做的衬衫。

“你好，塔拉斯！”

“你好，先生！”

“你从哪儿回来的？”

“我划船去找‘养子’——天鹅……起先它一直在水道里来回转悠，后来忽然不见了，所以我马上去找它。可湖里找不到，我在几个

湖湾里划了一圈，还是没找到。你猜猜，它居然在岛屿那边游呢。”

“你是从哪儿弄到这只天鹅的？”

“是顺便捡来的！东家们的猎户打死了许多天鹅，但是这一只却留下来了。它偷偷躲进芦苇荡，蹲在那里，又不能飞，就那么躲着。我对着芦苇下了网，就把它捉住了。它单独一个是活不了的，因为当它失去理智时，老鹰是不会放过它的。它成了孤儿，我就把它带回家养着。它也习惯了，现在我们住在一起快一个月了。每天天一亮它就起来，在水道里游一阵，找些东西吃，然后回家。它知道我什么时候起来，就等着我喂它东西吃。总之，它是一只聪明的鸟儿，懂得自己的生活秩序。”

老头儿亲切地说着，好像在谈论自己的亲人一样。天鹅蹒跚地走进小屋，显然是在等待老头儿喂它东西吃。

“它会从这儿飞走的，老伯。”我说。

“它为什么要飞走？这里多好，吃得饱饱的，周围还有水。”

“那冬天怎么办？”

“跟我一起在小屋里过冬啊。地方是够住的，我和小黑貂也更快乐些。有一次，有个猎人经过渔场，看见了天鹅，也这么说过：‘如果不把翅膀剪掉，它会飞走的。’可是无论如何也不能把鸟儿弄成残废啊！听天由命吧，人有人命，鸟有鸟命。我真弄不明白，猎人们为什么要打天鹅，又不能吃，这样做简直就是胡闹……”

天鹅好像听懂了老头儿说的话，用机灵的眼睛望着他。

“它跟小黑貂相处得怎么样？”我问。

“起先有些害怕，后来就习惯了。有一次，天鹅竟然抢了小黑貂的一块食物。小黑貂对它狂叫，它就用翅膀打狗。我在旁边看着它们才好笑呢！有时候它们一起出去玩耍，天鹅在水里，小黑貂在岸上。小黑貂也想跟在天鹅后面游泳，可它技术不行，差点儿就淹死了。但是，当天鹅游远了，小黑貂就去找它。我这狗没有它心爱的朋友苦闷得很哪……我们三个就是这样生活在一块儿的。”

我很喜欢塔拉斯，他很会讲故事，并且知道很多我所不知道的故事。在许多个夏天的晚上，我在渔场过夜时，每次都能从他那里听到一些趣闻。塔拉斯从前是个猎人，熟悉周围50俄里以内的环境，甚至熟悉树林里各种鸟兽的性格。现在，他不能到很远的地方打猎了，只好和我讨论他的鱼。

划船比带枪在树林里走，特别是比在山里走，要容易得多。现在，塔拉斯的那支猎枪只是作为纪念，或者是为防备狼来才用。冬天的时候，狼窥伺着渔场，并且老早就对小黑貂虎视眈眈了。但因为小黑貂异常机警，所以才没有吃狼的亏。

我在渔场停留了一整天。晚上我和塔拉斯一起去钓鱼，张挂了渔网。光明湖真是太美了，它之所以叫作“光明”是有理由的——湖里的水完全透明，船在航行时，能看见整个湖底，斑色的芦苇、黄色的河沙、水草和成群结队游来游去的鱼尽收眼底。

像光明湖这样的湖在乌拉尔有千百个，它们以风光秀丽出名。

光明湖和其他湖的不同之处在于：它一面靠山，三面连着草原——那儿是幸福的巴什基利亚的起点。光明湖四周是最自由的地方，有一条大河从那里奔流而出，灌溉了大片平原。

光明湖长约20俄里，宽约10俄里，有些地方水的深度达到十五六俄丈。岛上茂盛的树林给光明湖增添了美丽的景致。在光明湖中央有一个有趣的岛，叫“饿岛”，因为当渔夫们碰到坏天气而来到这个岛上时，每次都要饿上好几天。

塔拉斯住在光明湖已经40年了。他也有过自己的家和房子，可是现在他一个人过着孤苦的生活。他的孩子和妻子都去世了，于是他就年复一年、寸步不离地守在光明湖。

“你不觉得沉闷吗，老伯？”捕鱼回来时，我问塔拉斯，“一个人在森林里总是乏味的。”

“一个人？别人也这么说……可是，我在这里简直像王公一样生活呢！这里有各种各样的鸟，有鱼，也有草。当然，它们不会讲话，但我了解它们。有时看看宇宙间的万物，心里就高兴起来……任何东西都有自己的秩序和智慧。你以为鱼儿在水中游或鸟儿在树林里飞行就没意思吗？不是的，它们的忧虑其实并不比我们少……你看，那只天鹅在等着我和小黑貂呢。嘿，调皮鬼……”

老头儿很喜爱这只天鹅，所有谈话最终都要引到它身上来。

“骄傲的、帝王般高贵的鸟啊，”塔拉斯说，“如果用饵料去引诱它，却不给它，下回它就不来了。它虽然是一只鸟，却有自己的个性……它对小黑貂也保持自己的尊严，只要狗对它稍微差点儿，它就立刻用翅膀去扑打或用嘴去啄。你知道吗，有一次狗想跟它开玩笑，就用牙齿咬住它的尾巴，可是它立刻回了狗一巴掌。这就是说，咬尾巴可不是儿戏。”

我休息了一夜，第二天一早准备上路了。

“秋天时再来吧，”分手时塔拉斯说，“那时我们可以用篝火和鱼叉来捕鱼……我们还可以猎松鸡，秋天的松鸡是很肥的。”

“好的，老伯，无论如何我会再来的。”

当我离开的时候，塔拉斯又把我喊了回来：“瞧吧，先生！那只天鹅跟小黑貂正在玩着呢……”

这真是一幅值得欣赏的奇妙画面。天鹅张开翅膀站着，小黑貂一边尖叫着，一边攻击它。聪明的天鹅像家鹅那样伸长脖子，对着狗低声怒喝。对此，老塔拉斯像小孩子一样从心底里发出微笑。

三

我第二次到光明湖是在深秋时节，那时已经下过初雪了。森林依旧很美，有些白桦树上还残留着些许黄叶。枞树和松树比夏天时更绿了。秋天的枯草从雪下探出头来，死一般的寂静笼罩着周围，大自然好像被炎热的夏天弄得精疲力竭，现在正在休息。光明湖显得更加宽阔了，因为沿岸的花草树木已经消失了。清澈的湖水变得昏暗了，秋天的急浪“哗哗”地拍打着岸边。

塔拉斯的小屋还在原来的地方，但显得高了些，因为原本包围房子的高茎草没有了。跳出来迎接我的仍旧是那条小黑貂。现在它认得我了，所以老远就对我亲热地摇尾巴。塔拉斯正在屋里修理冬天用的捕鱼网。

“你好呀，老伯！”

“你好呀，先生！”

“生活过得怎么样？”

“还好，下雪时，腿又疼了。小病而已，天气不好就发作。”

的确，老头儿看起来有些疲惫。现在，他显得老态龙钟，又有些可怜。可看样子，这情形不像是生病引起的。喝茶的时候，我们就谈开了，老头儿说出了他的苦处。

“先生，你还记得那只天鹅吗？”

“‘养子’吗？”

“是啊，多好的鸟啊！现在又剩下我跟小黑貂相依为命了。”

“难道它被猎人打死了？”

“不是，先生……是它自己走的，我真是难受……难道它怪我没有好好照顾它吗？我每天亲自喂它……它一听见我的声音，就兴冲冲地来了。它在湖里游泳时，我一喊它，它就立刻游回来。多么聪明的鸟儿！我和小黑貂，还有这里的一切都习惯了……唉，就是下霜那天出的事儿。有一大群天鹅从这里飞过，刚巧降落到光明湖上休息。它们找吃的，游水，玩得很高兴，我不想惊动它们。就让它们好好休息一下吧，它们还要飞很远的路……唉，这一休息就出事儿啦。我那个'养子'起初不和那些天鹅一起玩乐，它游近它们后又马上返回来。那些天鹅用它们的话呼喊它，但它好像说：'我有自己的家。'然后它独自回到家来。它们就这样过了两三天。可是后来，我发现我的'养子'变得闷闷不乐了……那种愁闷完全跟人一样。它用一只脚站在岸边，开始大声呼喊。天哪，它喊得太悲惨啦……我也被这种愁闷感染了；而小黑貂呢，那个小笨蛋像狼一样叫着。当然，这只爱自由的鸟，骨子里是……"

老头儿不作声了，深深地叹息了一声。

"后来怎样了，老伯？"

"唉，别打听了……我把它关在小屋里整整一天，它就在那里大声叫嚷，一刻也不停。它倔强地用一只脚支撑身体，紧靠着门站着。如果不把它放出来，它会一直站下去。那情景真像人在说话：'放我走吧！老伯，让我和我的同伴一起飞走吧。它们都要飞到温暖的地方去过冬，为什么我要留下来和你们在一起呢？'我想了想，这有什么困难的呢！于是我放了它，它就跟在同伴的后面飞走了，从那以后就不知去向了……"

"不知去向？为什么会这样呢？"

"它们是自由自在的一族，小天鹅从小就跟随父母学习飞翔。你认为它们是怎样的？小天鹅长大后，父母先教它们在水里游，然后教它们飞。教飞行时是有一定顺序的，它们一次比一次飞得高，一次比一次飞得远。我亲眼见过老天鹅教小天鹅飞行。起先是个别地教，然后是一个小分队，最后是一大群，就像练兵一样……而我的‘养子’是独自长大的，没有谁教它飞行，它哪儿都没有飞过，只会在湖里游——这就是它的全部本领了。你想想看，当它需要飞几千俄里，它怎么能够坚持下去呢？当它的力气用完的时候，它就会脱离天鹅群，从此不知去向。”

老头儿又不作声了。

“唉，那只能放它走呀。”老头儿又悲伤地说，“我想过，要是硬拉它一起过冬，它会憋出病的。天鹅是一种很特殊的鸟，所以我就这样放它走了！于是我的‘养子’飞到天鹅群里去了，跟同伴们游了一天，但是晚上又回来了。

“它就这样游了两天。虽说它是一只鸟，但是一样能感觉到离家的悲伤。先生，那两天，它其实是游回来和我告别的……最后一次，它离开岸游了约40米后停了下来，开始用天鹅的话呼喊：‘老伯，谢谢你的款待！’就这样，它真的离开了，一转眼就不见了。起先，我们难过极了。我问小黑貂：‘小黑貂，我们的“养子”去哪儿了？’小黑貂马上狂叫，可见它也十分难过。它跑到岸边到处搜寻它亲密的伙伴……我每晚都会做梦，梦见它就在这里，它正靠着岸欢快地游着，拍着小翅膀。我走出去看时，却什么也没有……先生，就是这么回事。”

小猎狗亚里克

[苏联] 米哈伊尔·米哈伊洛维奇·普里什文

有一次，我正要出去狩猎野鸟，却发现我的猎狗不见了。看来，它走失了。我只能在早上的时候，趁着露水重，像条家狗一样，到处寻找鸟儿的足迹。虽然没有以前那么确定，但是凭着多年的打猎经验，我也能微微觉察到鸟儿的味道。

在离我们家大约30俄里的地方，住着一个兽医。他让一只品相很好的爱尔兰母狗跟一只同种的公狗交配了——这两条狗的血统都很纯正。

一天，一个朋友说，他有一份礼物要送给我。当朋友到来后，我看到了一只仅六个星期大的小爱尔兰犬！我别提有多兴奋了，痛痛快快地收下了这个对我来说具有重要意义的礼物。而且，我决定再培养一个新朋友。我徒手训练这只猎狗，这当中的乐趣真是无法用言语形容。

在训练中，曾经有这样一段小插曲：采伐基地上有很多老树桩，树桩的周围盛开着各种各样的鲜花，但以红色为主，远远望去，仿佛进入了一片红色的海洋，中间零星有一些黄色的小球、洁白的母菊、猪鼻花、蓝色的风铃草、紫色的杜鹃杉等。如果你有足够的耐心，还能在树桩的周围找到熟透了的美味草莓。

夏天的小雨总是出乎意料地造访人间，我只好到云杉树下避雨。渐渐地，避雨的队伍开始壮大了，就连蚊子也过来凑热闹了。这样一来，倒霉的就是我和我的小猎狗亚里克了。

看着我的小猎狗被蚊子叮得苦不堪言，我真的心疼极了。于是，我决定在这里点起一堆篝火。我找来好多云杉球，堆起来，点火。很快，浓烟四起，蚊子们全都被吓跑了。正在这时，雨竟然停了。这场淅淅沥沥的夏雨，让我的心情变得特别愉悦。

在云杉树下，我们又休息了半个小时左右的时间。我一直在静静地等待鸟儿们飞出来觅食，这样，它们就能在沾满露水的地面上留下痕迹。感觉时间差不多了，我们就从云杉树下走了出来，走到采伐基地那儿。我对亚里克说了一句："去寻找吧，我亲爱的伙伴！"亚里克听了，就走了。

亚里克很聪明，已经进入了第三个训练阶段。在我的指导下，亚里克就快要攀上训练的最高峰了。

我知道，当这个阶段结束，它就会变成一只能力出众、世界上最棒的猎狗了。要知道，爱尔兰长毛猎狗在打猎方面具有自己的优势，它们非常喜欢在草地里穿梭，精力充沛，能够很快捕捉到猎物的气味。

我非常羡慕亚里克那灵敏的鼻子，真的希望自己也拥有一个这样的鼻子。这样，我就能在百花盛开的红色采伐基地上尽情驰骋，去肆意寻找我最喜欢的味道了。这是挺无奈的事儿，我们人类的嗅觉确实不怎么样。平时，人们在聊天的时候，常说的几句话是："最近怎么样呀？你的视力怎么样？眼花了吗？耳朵还能听清楚吗？”可是，朋友从来不会关心你的嗅觉。

我具有多年的驯狗经验，可是，每当我看见猎狗发现野物时极度兴奋的模样，心中也总是在想：如果我自己能闻到猎物的味道，我也会这么高兴吗？我还是会对亚里克说：“朋友，快去寻找吧！”

接着，在美丽的红色采伐基地上，我看见小猎狗亚里克在那儿绕圈子。没用多久，我的亚里克好像发现了什么。它伸着鼻子在一个地方仔仔细细地闻了好久，然后认真地看着我，我知道这是他邀请我过去的意思。

只需要眼神的交流，我们就能知道彼此心里的想法。我静静地跟在亚里克后面。它脚步很轻，每走一步都非常小心，好像生怕惊动了猎物。不一会儿，我们就来到了一片茂盛的灌木丛里面，那儿只有亚里克才能过去，我没法过去。但是，我并不想让亚里克单独过去，我担心它单独行动时会被一些鸟儿吸引注意力，然后冲动地去追赶它们——如果真是那样的话，那我们这段时间的训练就全都白费了。

就在我喊它并命令它离开的时候，它突然开始晃动起那条漂亮的尾巴来，而且还瞅了瞅我。我知道，它的意思是想告诉我：这儿是那些鸟儿休息过的地方，而且这些鸟儿还在这里吃了很多红色的花朵。我点点头，问：“那现在我们该怎么办呢？”

接着，它又在周围闻了闻，可是并没发现什么。雨水把鸟儿们的气味都冲刷干净了，我们刚到这里的时候，之所以能够找到鸟儿们的气味，是因为我们是沿着树木来的，雨水没办法将树木上的气味洗掉。

徘徊了好久，我们只好放弃刚才那条线索，重新回到采伐基地，继续寻找。这次，亚里克在采伐基地只走了半圈，就停下了脚步。它停在了一片非常茂密的灌木丛旁。它很认真地在那个地方嗅着——那儿有一股非常强烈的黑琴鸡的气味。

这时，它的姿势看上去非常奇怪，全身弓着，滑稽极了。见状，我急忙走过去，想看看发生了什么事情。我轻轻地抚摸着它说："如果你觉得没问题，就去吧！"

它伸直了身子，摸索着向前行进。它很小心地迈出每一步，围着灌木丛绕了一个圈子，然后示意我："下雨时，它们曾经在这里躲过雨。"

看来，它又找到了新线索。在被雨水淋湿的草地上，可以清楚地看到鸟儿的脚印。亚里克忙碌了起来，它那长长的尾巴拖在地上，仿佛在和地面亲吻。或许是我们走路的声响惊动了黑琴鸡们，它们也往前走了，亚里克用我们特有的交流方式告诉我：那些黑琴鸡就在距我们不远的地方。

黑琴鸡们走进了一片刺柏里。此时，亚里克摆出了最后冲刺的姿势。只见它的嘴巴紧紧地闭着，小小的舌头还没来得及收回去，有一部分露在了嘴巴外面。它那粉红色的小舌头，看上去就像一片花瓣一样，非常好看。

就在这时，意外发生了，一个不速之客——蚊子偷袭了我们。它毫不迟疑地落在了亚里克的舌头上，使劲儿吸着里面的血液。亚里克疼得要命，就连鼻尖都在不停地扭动，虽然如此，它的鼻子还是忠实地继续工作着，搜寻着野味的方向。

不过，虽然很疼，亚里克却没有轻易地收回舌头，因为只要它一张嘴，就会有声音发出来，这微小的声音足以吓跑黑琴鸡。

其实，我没有像亚里克那么紧张。我轻轻地走近它的身边，伸出手指，把落在它舌头上的蚊子弹走了。然后，我在一旁静静地观察着亚里克的行动。只见亚里克的尾巴伸得笔直，跟脊背形成了一条线，它就像一座雕像一样，站在那儿一动不动。只有那双灵活转动的眼睛告诉人们：它是活的。

为了以防万一，我悄悄地走到亚里克的对面，这样一来，鸟儿就没法往前飞了，它们只能选择往上飞。这时候，就算有只鸟冲着我飞过来，亚里克也不会跑过来的；如果这只鸟向亚里克飞过去，亚里克还是不会轻易移动，因为它非常明白，我们要捕捉的猎物还在灌木丛里面，没必要为了一只小鸟而放弃大猎物。

没过多久，一只大大的灰鸟竟然在空中翻了一个跟头，然后落在亚里克的前面，还在亚里克身边轻轻地划过，就像在跟亚里克开玩笑一样，仿佛在挑衅说："快来啊！快来追我吧，你看，我已经不会飞了。"这只灰鸟在离亚里克大约10步远的地方，扇动起翅膀，跑了起来。

亚里克终于爆发了，它把我对它的教育忘得一干二净，愤怒地冲了过去……看来，亚里克还是中了黑琴鸡的圈套。当亚里克向黑琴鸡跑过去的时候，黑琴鸡马上对着灌木丛叫了起来，好像在说："孩子们，快飞吧！抓紧时间！"

当小鸟们都飞起来之后，那只大灰鸟也飞到了树林的上空，消失在我们的视野之外。

这时，亚里克回过头，发现小黑琴鸡也不见了。只能听到远处传来了它们的叫声，好像在嘲笑亚里克说："笨蛋，笨蛋，中计的笨蛋……"

我看了亚里克一眼，喊了声："回来！"这下，亚里克才明白自己被鸟儿们愚弄了，它很不好意思地走了回来。

我看着它，教训道："你看看你都干了些什么好事！"

它乖乖地趴了下来，用爪子挠了挠耳朵。

“行了，过来吧！”

听了这话，它挺害羞地爬了过来，撒娇似的把头放在我的膝盖上，好像在乞求我的原谅。

“好啦！”我拍了拍它的头，接着坐在灌木丛里，“去，躲到我后面，别出声，看我怎么教训它们。”

大约10分钟后，我开始学了两声小黑琴鸡的叫声，这叫声的意思是：“妈妈，你在哪儿？”

很快，叫声就有了回应，我知道那声音是在说：“我在这儿，我在这儿呢！”

在离我不远的地方，一只小黑琴鸡也正在叫着。当它听到我的叫声后，立刻跑了过来，我看到它在我旁边的草丛中轻轻地扭动了几下。

我向亚里克的方向看了看，并伸出拳头吓唬了它一下，意思是让它别动。然后，我迅速伸出手，向着抖动的草丛按了下去，果真不出我所料，那里面有一只小小的、灰色的小黑琴鸡。

我把小黑琴鸡拿到了亚里克的面前，说：“闻闻吧！”

可是，亚里克竟然很不给面子，直接把头扭了过去。我用埋怨的眼神看了它一眼，又说了一遍：“快，闻一闻它的气味！”

这次，它听话地闻了一下，发出了很大的喘气声。

现在，我可以放开嗓子，大声学黑琴鸡的叫声了。我非常确定，黑琴鸡妈妈肯定会来找它的小宝宝，因为它一定会检查所有的小宝宝，哪怕少一个都不行。

现在，这个区域里一共有8只小黑琴鸡。我陆续听见了其余几只小黑琴鸡的叫声，慢慢地，它们都找到了它们的母亲，然后，一切都安静了下来。

现在，轮到我手上这只小黑琴鸡出场了。我学着它的叫声说：“妈妈，你在哪儿呀！”

很快，大黑琴鸡的回答传了过来：“我在这儿，孩子，赶快过来！”

接着，我又学了两声，这叫声的意思是：“咻咻，你们还是来我这里吧！”

接着，我听见草丛中有什么东西在穿梭的声音，那一定是黑琴鸡妈妈带着小黑琴鸡们，一会儿往这边走，一会儿往那边走。

大黑琴鸡的脖子一直往外伸，孩子们跟在它的身后，青草被它们碰得微微摇晃着。

就在离我两步远的地方，它们停了下来。这时，我回头看了看亚里克，示意它：“伙计，别再傻愣着了！”

接着，我立刻放开了手中的小黑琴鸡。

小黑琴鸡的翅膀拍打在灌木丛上，它的妈妈和兄弟姐妹们，立刻跟它一起飞走了。

这时，我和亚里克从灌木丛里走了出来。看着匆忙飞走的黑琴鸡，我笑道：“小鸟们，我替亚里克报仇了，我也把你们好好儿捉弄了一番!”

从这以后，亚里克再也没上鸟儿的当，在我持续的训练下，亚里克终于锻炼出了出色的自制力和敏锐的觉察力，成了一条优秀的小猎狗。

太阳的宠儿

[苏联] 尼·巴甫洛娃

秋天来了，秋雨准备动身到大地上去。出发之前，他跟太阳争论了一番。

“我看，你还是等一等吧！”太阳对他说，“现在，花草树木都还不需要你呢！在他们正式做今年的告别前，还是让我先去见见他们，让他们再高兴一场吧！”

“省省吧！现在他们可高兴不起来！”秋雨不屑地反驳道，“他们忙着伤心呢，哀悼就要逝去的夏日，惧怕寒冬的到来，他们怕死了！相信我，这个季节里，我比你更受欢迎。我能陪他们发愁，跟他们抱头痛哭一场。”

他俩争论了好久，后来达成了一致：秋雨先到大地上去，如果他能让太阳的宠儿们——花草树木——都喜欢他，那他就随便下好了，可以从早下到晚，一直下到他不高兴为止。如果他得不到花草树木的欢心，就要乖乖地让位给太阳。

于是，秋雨就先来到了大地上。

他最先看到的是路边的一棵椴树，椴树浑身都是金黄色，枝叶繁茂，浑身上下结满了圆溜溜的、带着翅膀的小坚果，看上去精神极了！

“你漂亮不了多久了。温暖的夏天就要结束了，”秋雨唱起了一首悲歌，“以后，你再也得不到温暖了，也看不见太阳了，萧瑟的秋风会把你这身金色的衣服慢慢扯掉，到时你身上就连一片叶子都没了。”

“那就让他试试吧，看他敢扯掉我身上的哪片叶子！”椴树反驳说，“就算掉，也得是我自己脱掉叶子。那可不是迫于秋风的淫威，而是等冬天来临，为了准备过冬而脱掉的。”

“你这样做真是没有必要呀！”秋雨说，“谁到了冬天才开始脱衣服呀！”

“你们雨根本不明白叶子的事。”椴树说，“到了冬天，如果我不尽快跟叶子们分手，雪就会堆在他们的身上，把我的树枝都压断。只要我把叶子一扔，就不会有这种担心了。但我并不会因此挨冻，我的树皮可厚呢！”

“唉，看来这棵树不需要我陪着他抱怨、痛哭呀！”秋雨想着，就往前走了。

走着走着，他发现一片树林的边上，有一棵年轻美丽的山梨树站在那里。那树上挂着一串串红浆果，沉甸甸的。山梨树羽毛般的叶子仍然是绿色，只不过已经略微发红了。

“你漂亮不了多久了。温暖的夏天就要结束了。”秋雨又开始唱起了这首悲歌。

“少无病呻吟啦！”没想到，山梨树打断了他的歌声，“你要明白，我才不管什么冬天呢，我正向往着下一个春天呢！当温暖、明媚、欢快的春天到来时，我就把树芽一点点伸展开来。树芽里什

么都准备得好好儿的——有小叶子，也有未开的花！我这全是为春天准备的，这两天刚刚弄完。事情都办妥了，现在我高兴极了，正想象着5月里灿烂的阳光呢！”

“你看你，光想着遥远的春天，却忘了眼前的冬天！”秋雨说。

“我又不是第一次过冬！冬天虽然快来了，但我不怕，整个冬天，我都将在睡梦中不知不觉地度过！”山梨树说。

“这棵树跟我也不是一路人。”秋雨又继续往前走。

走着走着，他看见灌木丛中有一朵艳红的沼泽牤牛花。她的样子很普通，就是长着5片花瓣，没什么稀奇。她的颜色却特别鲜艳，相信每一个看见她的人，都会萌生出一种把自己打扮得更加漂亮的念头。

“听了我的话，这朵花肯定会哭！”秋雨想，“看吧，她根本没有厚树皮来御寒！”

于是，他赶紧唱起了那首悲歌：“你漂亮不了多久了。温暖的夏天就要结束了。从今往后，你再也得不到温暖，也看不见太阳了。等天一冷，这么多美丽的小花就会被冻死。”

“你说得没错儿。”花儿赞同道。

秋雨一听，可高兴了：“是，是，我说的都对！现在你只能大哭一场了。”

“我为什么要大哭一场呀？”沼泽牤牛花惊讶地问，“我可一直没闲着呢！我在根茎中贮存了很多食物，别说到明年春天，就是到明年夏天，也足够我吃的了！”

“现在就想明年春天的事儿，是不是太早了！”秋雨气呼呼地说，“反正你要面临的可不是春天，而是酷寒的冬天！”

“躲在雪下面是冻不死的！”牤牛花说，“我怎么能不想春天的事儿呢！我把花都准备好了，把她们包成了花苞，放在了紧挨地面的叶子里。”

她还想跟秋雨分享她的过冬办法，可是秋雨不想听了，他知道这朵花也不是他想找的，就继续向前走。

远远的地方，有一片湖水在闪闪发光。秋雨见了，赶紧奔向了他的亲戚—— 湖水。渐渐地，秋雨下大了。湖面上出现了一圈又一圈涟漪。

靠近岸边的水中，一些小小的植物—— 水鳖生长着。她们把小小的叶子铺在水面上。

“这些植物肯定过不了冬！”秋雨开心地唱了起来，“你漂亮不了多久了。温暖的夏天就要结束了，严寒的冬天会把湖水都冻成厚厚的冰！”

“你用不着吓唬我！”水鳖说，“我早就准备好会潜水的芽了！天一冷，她们就立刻离开茎，钻到温暖的水底下，窝在湖底度过冬天。到了春天的时候，她们再浮上来，伸展开身体，每一个芽都能长成一个新的小水鳖！”

听了这些，秋雨惊讶得停了下来。正在他思考怎么回答水鳖的时候，湖面的波纹平静了下来，灰色的乌云也散开了。这可把他吓坏了！要知道，对雨来说，蓝天最可怕了！

渐渐地，太阳开始放出了光芒。他向水鳖的小圆叶子笑了笑，又向沼泽牤牛花的艳红小花笑了笑，还向浆果变得更红的山梨树笑了笑，还向一身金黄的椴树笑了笑。他一边笑一边说：“你们都是好样儿的！不愧都是太阳的宠儿—— 能过幸福的日子，也不怕过艰苦的生活！”

绿树林

[苏联] 尼·巴甫洛娃

荏雀和山雀都完全不知道热带的样子。他们从来不会飞到遥远的山里去，而是一整个冬天都待在积满了雪的大地的上空，从一根树枝飞到另一根树枝，最多也只是从一棵树飞到另一棵树。

“咱们在这儿就能吃得饱饱的，又何必费力飞到别的地方呢？”荏雀说。

“我也这么想。不过，飞得远一点，就能多见一点世面。”山雀表示赞同，又说出了自己的羡慕，“我倒是觉得很遗憾，咱们的翅膀都不怎么强劲。如果我的翅膀跟燕子一样，我早就飞走了，想往哪儿飞就往哪儿飞！”

他之所以说“想往哪儿飞就往哪儿飞”，是因为他根本都不知道哪儿是哪儿，他只见过这一片林子，压根儿没听说过热带常绿树林的事儿呢！

热带常绿树林的事儿，后来是山雀的朋友——小鸟篱莺跟他们说的。有一个夏日，下了雨，黄山雀和青山雀都在稠李树的绿荫深处躲雨，在那儿遇见了篱莺。

“明天早上，我就要向南飞，飞到非洲去了。”篱莺自豪地向他们宣布。

“这么早就飞走了？！”黄山雀很惊讶，“你着什么急呀？现在不还是挺好嘛——哪儿都有小虫子吃。”

篱莺笑了笑，调皮地瞅了一眼黄山雀，就唱起一首刚刚编的歌儿来：

朋友，干吗不往南方飞，

南方处处小蝇飞，

那儿有甲虫作早餐，

南方哪点比这儿坏。

唱完，他说：“黄山雀，你说对不对？”

黄山雀当然也没生气，他知道篱莺一向喜欢开玩笑。

“算了吧，别走了！”青山雀说，“冬天还远着呢！你看，狭叶柳叶菜还在开着花呢，蚂蚱们还在蹦来蹦去，树上的叶子也全都绿着呢！”

“什么，难道树叶还有不绿的时候？”篱莺很惊讶。

“当然呀，每年秋天。”黄山雀回答他，“每年，你早早儿地就从这儿飞走了，所以从没见过秋天的叶子。过不了多久，这儿的树林就会变成五彩缤纷的了！”

“我作证！”青山雀说，“椴树和白桦树的叶子会变成黄色，就跟我们肚皮上的羽毛颜色一样。”

三只小鸟都低头看了看。确实，他们的腹部都是黄色的，背上的羽毛带点绿色。篱莺的衣服要朴素一些，没什么花哨的装饰；而白颊的山雀和荏雀，打扮得则漂亮多了。

荏雀系着一条神气的黑色领带，穿着一件黄色的背心，还戴着一顶黑色的小帽子。

小山雀就更漂亮了，他戴着一顶淡蓝色的小帽子，翅膀和尾巴都是漂亮的淡蓝色。

“鸟儿当然可以是五彩缤纷的，树林也变成这么多颜色，未免有点不像话了。”篱莺说，“树林就应该一年四季都是绿色的！”

这时，荏雀和山雀就开始给他讲，冬天的树林是多么无趣，一切都光秃秃的。

“那么，你们整个冬天都住在冻得硬邦邦的树枝中间？！”篱莺大吃一惊。“刮风和下雪的时候，你们连个躲避的地方都没有，太可怜了！还是跟我一起飞到非洲吧！那儿一年四季都像夏天一样温暖，树木常年青葱。那儿的树林可漂亮了！树林中有各种各样美丽的树木——矮的，高的，特别高的……还有那种特别特别大的树木，他们站在所有树木的头顶上，直插天空，就好像灌木站在草地上一样。”

见其他鸟儿听得出神，篱莺继续讲：“常绿树林里一切都是绿色的。上面罩着绿色的叶子，旁边也是绿色的叶子。在绿叶的上方，还是绿叶。有些巨大的叶子一张开，简直就跟老鹰的翅膀一样。一片叶子下面，可以让一群小鸟过夜。那些叶子可结实了！就算碰上大雷雨，骤雨像河流一样从天而降，这些叶子也不会掉落，也不会被雨水打皱或冲破。真是好叶子呀！”

关于热带常绿树林的事儿，篱莺还讲了好多，山雀蹲在旁边，听得着了迷。他觉得，自己不是在稠李树上，而是已经置身于热带树林中，正站在那棵最高的树上，头顶上是那片最大的叶子。

就连雨停了，山雀都没注意。荏雀把头伸了出去，欢呼道：“看呀，雨停了！终于可以捉小虫了！快来捉小虫吧，快来捉小虫吧！”

"等会儿嘛，再听一阵儿！"山雀请求道。

"不，不听了。"荏雀说，"聊天是挺有趣的，可是肚子饿得都受不了了！你想听就留在这里听吧，我可得飞走了。"

篱莺笑嘻嘻地看了荏雀一眼，又编了首歌：

谈话很快乐，

就是不解饿！

饿了就要吃，

关你什么事儿！

唱完，他问："荏雀，我唱得对吗？"

荏雀也没生气，不过立刻飞走了。山雀还没过瘾，缠着篱莺讲了半天。听完后，他祝篱莺一路平安，就飞走了，去找自己的朋友了。

从那时候起，已经过去了许多天，冬天终于来临了。但是，山雀并没有忘记篱莺口中的常绿树林。

"你知道吗，朋友，不知道为什么，我总觉得自己早晚会到那儿去一趟。"山雀对荏雀说。

"你别胡思乱想了！"荏雀回答说，"你就爱幻想，这是不是因为你长着淡蓝色的羽毛？也许就是这种颜色的羽毛让你不能正常地看待一切事物。"

寒冬刚开始，天气非常寒冷，荏雀和山雀每天都冻得要命。后来，天气突然转暖了，仿佛又来了一个秋天。雪融化了一些，树林里的土也变回了黑色。树木伸了伸僵硬的枝条，受骗的昆虫也都爬了出来。

山雀和荏雀高兴极了。荏雀仍然很贪吃，他忙碌地一棵棵搜索树木，从早到晚不住嘴地吃，却一直吃不饱。山雀可不一样，他在一个地方绕了几圈后，就觉得没意思了，就飞到了另一个地方。回来的时候，他兴奋极了，就开始对他的朋友说，自己都看到了哪些新鲜的东西。

有一天，他飞回来的时候，看上去是那么精神，兴高采烈的。荏雀见了他那样儿，把嘴里刚抓到的一只长须甲虫都丢掉了。

“你知道我刚才去哪儿了吗？”山雀问他，“常绿树林！”

听了这话，荏雀气哼哼地看了一眼他朋友身上的淡蓝色羽毛。

“我一点儿都没夸张！”山雀有点着急，“你现在跟我一起去那儿看看就知道了。你会亲眼看到常绿树林！”

荏雀一点都不喜欢长途旅行，可是这次好奇心占了上风，他跟山雀一起去了。

他俩真的飞到了一个奇妙的绿色天地中。那儿聚集着一些喜气洋洋的小枞树。她们高兴地展示着自己蓬松的小树枝，一层层整齐地伸展开来，好像等着别人来欣赏似的。树和树之间，还有一些小小的草墩，上面长着小小的灌木，灌木上点缀着特别小的淡紫色小铃铛。旁边，草莓厚厚的暗绿色叶子闪烁着。大地上还铺着绿色的苔藓呢！那树林后面就是沼泽。在沼泽苔藓上，蔓越橘也在尽力伸展着小叶子。

一切都是鲜活的，绿色的，跟夏天一模一样。两只小鸟在枞树枝上跳来跳去，不过，他俩还有点不习惯，因为枞树长的是针叶。

“这可是一片真正的常绿树林！我希望春天快来，我就能告诉篱莺，这儿也有常绿树林了！”山雀说。

“对嘛，我以前就说过，在这儿也能生活得很幸福，何必走那么远呢！”荏雀说。

冬天的客人

[苏联] 尼·巴甫洛娃

连雀的衣服是灰粉色的，并不鲜艳。不过，那衣服的式样非常漂亮，头上有一搓小小的冠毛，尾巴上还镶嵌着一道很宽的黄边。那翅膀也非常漂亮！上面是一道白色的纹路，下面竟然有一些红纽扣一样的斑点。再低一些，在翅膀尖上，是黄色的角。

要说外表，连雀可真漂亮！不过，他们的性格可不像外表那么招人喜欢——他们特别贪吃！我要说的这只连雀，更是吃多少都不够的一个家伙。他从早吃到晚还不够，就连做梦都梦见吃。

不过，这只小连雀因贪吃而受到的教训可真不少！

秋天的时候，他跟朋友一起离开故乡的大树林，飞到往南一些的地方——列宁格勒一带。旅程中，连雀只能用杜松子填填肚子，这些小果子中含有大量的树脂，非常不好吃。所以，等他们终于碰到了一棵挂着鲜红大果实的野蔷薇时，就忍不住大吃起来。一个个浆果，一旦进入他们小钳子一般的嘴里，立刻就不见了。

当他们吃得正高兴的时候，森林里突然传来了山雀慌张的喊声：“敌人来了！敌人来了！”

连雀们“呼”地一下飞到半空中，躲在了茂盛的云杉丛中。可是，那个大馋鬼却留在原处——他吃得太饱，竟然飞不动了！

不幸中的万幸，敌人没有发现他。可是，这只小连雀找不到伙伴了，只能孤零零地留在这个陌生的地方。

“这也没什么大不了。”连雀暗暗想，“老鸟们告诉过我，在森林里有一种豪华的大树餐厅，只要我找到那种树，就没什么好担心的了！”

于是，他赶紧去找这种大树餐厅。这可真不是什么愉快的经历！天空布满灰蒙蒙的云，下面是黑漆漆的大网一般的光树枝。哪儿也没有浆果！

连雀飞了好久，都没找到什么大树餐厅，他只好下来，想向当地居民打听一下。

一只浅蓝灰色的鸸鸟正在沿着一棵橡树干的缝隙跑上跑下。这只鸟的尾巴很短，脑袋呢，则又大又长。如果连雀看过《木偶奇遇记》，就会立刻注意到，鸸鸟的嘴巴特别像匹诺曹的鼻子！

“我饿了，”连雀直截了当地对鸸鸟说，“这儿的大树餐厅在哪儿，你知道吗？”

“唧特，唧特！就在旁边不远处。”鸸鸟叫了两声，回答道。说完，他把嘴巴伸到了一颗坚果上的裂缝里，把果仁吞了下去，又说：“飞吧，飞吧！我告诉你大树餐厅在哪儿！”

他们一起飞到了一棵浅棕黄色的菩提树上。树上挂满了装饰物——不过那可不是一束束花，而是小小的硬壳果。每一束小小的硬壳果都长着浅棕黄色的小翅膀，所以，这棵菩提树看上去才变成了浅棕黄色。

“看吧，这就是！”鸸鸟飞到了菩提树上，“这就是你要找的大树餐厅！”

说完，鸸鸟就啄下了一颗小硬壳果。连雀赶忙阻止他：“这东西可不是浆果，吃不得呀！”

“唧特！”鸸鸟含着小硬壳果，叫了一声就飞回橡树了。

连雀又继续寻找他的大树餐厅。没一会儿，他看到了一棵树，这树上挂着很多红艳艳的、跟他身体差不多大的浆果。

“我能把这些浆果整个儿吃下去吗？”连雀很担心。等他飞近一看，什么浆果呀，原来那是一些长着红胸脯的鸶鸟。

连雀向他们打听大树餐厅在哪儿。“依由其，依由其！”鸶鸟听了后，异口同声地叫着，“我们马上送你去！”

他们带着连雀来到了一棵梣树上。这棵树上挂满了一串串窄窄的翅果，密密麻麻的。

“你看见了吧，这些东西可好吃了！”鸶鸟们说完，就停在树枝上，开始吃起来。他们熟练地用嘴把翅果的翅膀揪掉，又剥掉翅果的壳。

“这都是些什么呀！把我带到这样一个餐厅！”连雀简直气坏了，“这种东西怎么吃呀！”

他说完，还没等鸶鸟回答，就继续往前飞了。他是怎样又饿又气呀！他气急败坏地落在了一棵白桦树上。等什么呢？他自己也不知道。

突然，一群红雀飞了过来，就像被风吹过来一样。他们戴着红色的小帽子，尾巴像个小小的树杈。看他们吧，没有一刻安宁，一会儿唧唧喳喳，一会儿飞来飞去，有时还头朝下倒挂在树枝上……他们飞到了连雀面前，问：“伙计，你是从哪儿来的？为什么愁眉不展的？”

“我跟伙伴们走散了，而且肚子饿极了！”

“跟伙伴们走散了？这实在太可怕了！你饿了？这倒没关系，我们告诉你哪儿有吃的！红雀们，走！”说完，整群红雀都飞走了。连雀没办法，只好跟着他们去碰碰运气。他想：“我可没指望这些小鸟儿会把我带到像样的大树餐厅去。”

果然，他没猜错。红雀们的餐厅是赤杨——浑圆的树上挂满了长着鳞片的黑色小球果。红雀非常熟练地从球果里夹出赤杨子。

连雀这下连说话的力气都没了。他默默地飞到了另一棵树上。他饿得浑身没劲儿，只觉得昏昏欲睡。正在他快要睡着的时候，突然听到了一阵柔声细语的鸟鸣。连雀不由得惊醒了——多么熟悉的声音！他侧着脑袋仔细听了一会儿，没错儿，这正是他的伙伴们的歌声！

太好了！连雀从树上一跃而起，只用了几秒钟就飞回自己的群里。伙伴们见了他，欢天喜地地围着他问来问去。可是，连雀顾不上回答了——他没有时间回答——他正站在一个超级豪华的大树餐厅里，你没法想象出比这更豪华的餐厅了。这是一棵山梨树，树上挂满了一串串橙红色的浆果。

连雀吞了一个又一个浆果，直到嗉囊胀得不能再大为止。现在，他吃得饱饱的，很快就睡着了。这次，他第一次没有梦见食物，而是梦见了鸟——灵活的鸸鸟、安静的莺鸟和快乐的杂技表演者红雀。

乌鸦银斑

[加拿大] 欧内斯特·汤普森·西顿

一

1885年，我们全家迁到了加拿大的多伦多附近，在新家房间的窗边，我能看到远处的溪谷。

一天，我看到一群乌鸦飞过来了。

有位这里的老住户告诉我，那群乌鸦有位老首领，它在这一带已经飞了20年。

我们一般不容易区分同类的动物，也就是说，你这次见到的某个动物下次不一定能认出来。但是，如果某个动物看上去比同类更强壮或机灵，或者它身上还有别的显著特征，我们就能辨认出来，比如大家熟知的狼王洛波、银狐托米等。

这群乌鸦的首领叫银斑，因为它右脸上有一块银白色的斑点。

乌鸦群内部很有组织性，它们就像士兵一样生活，甚至比士兵更守纪律。银斑是只老乌鸦，非常聪明，它是乌鸦群中最强壮、最勇敢的，领导着约200只乌鸦。

乌鸦群住在弗兰克城堡，那里位于多伦多北部的一座长满松树的小山，也叫“卡斯尔·弗兰克”。

一到冬天，乌鸦们会去很远的南方。到第二年春天，银斑就会率领乌鸦群回到弗兰克城堡，在那里待一个多月。

每天早上，约有200只乌鸦分三批去找食物：一批由银斑带队，另两批由相对强壮、勇猛的乌鸦带队。

银斑总是带领乌鸦群从溪谷这边飞到那边。天气晴好的时候，它们会排成一队，飞得高高的。要是碰到大风天气，它们会顺着溪谷飞得很低。

从3月一直到秋天，乌鸦群总是飞来飞去的。

溪谷两边都是居民的房子，上面还有几座桥。乌鸦群经常在那些房子和桥上飞行，还把那几座桥当作它们的观察点。

乌鸦有自己的语言，尽管我听不懂，但我知道它们能用叫声传达很多不同的意思。

一天，我站在一座桥上，看见银斑带着乌鸦群飞来了。那天有大风，因此它们飞得很低。

银斑在前面叫着，似乎在说：“非常棒！继续前进！”

很快，银斑发现了我，它立即转过头对乌鸦群大叫一声，好像在说：“有情况，大家提高警惕！”于是，乌鸦群飞高了一点，等它们飞过我站的那座桥，又继续低空飞行。

第二天，我又站在那座桥上，当乌鸦群靠近桥时，我随手拿起拐杖朝它们挥舞着。银斑立即警惕地大叫，乌鸦群立刻向高空飞去。

第三天，我拿着枪又站在桥上。当乌鸦群路过那座桥时，银斑发现了我手上的枪，立即大叫起来，提醒乌鸦群有危险，让它们赶快逃走。

乌鸦群马上分散开来，等它们飞到安全地带后，才重新结队飞回了弗兰克城堡。

一次，银斑发现前方有一只鹰，它马上大叫起来，好像在说：“有鹰，危险啊！”

于是，所有的乌鸦都靠近银斑，整个乌鸦群看上去像一个大黑球在向前移动，这样鹰就不敢袭击它们了。

经过长时间的观察和研究，我发现银斑的叫声虽然差不多，但表达的意思却不一样。比如，它叫一声表示让乌鸦群注意，连叫五声表示有危险。

到了4月，乌鸦们大部分时间待在松树上，不再整天出去找食物了，它们会玩游戏。比如，一只雄乌鸦从树上飞下来，就在快要撞上另一只乌鸦的一瞬间，它会马上拍打翅膀朝上飞，这是雄乌鸦在雌乌鸦面前卖力地展示自己的飞行技巧。

有时候，一只雄乌鸦会低着头，身上的羽毛都竖立起来，然后飞到另一只雌乌鸦面前叫着，这是雄乌鸦在向雌乌鸦示爱。

很快，所有的乌鸦都找到了自己的伴侣，它们成双成对地飞走了，一起去筑造自己的新窝。

渐渐地，弗兰克城堡变得冷冷清清的。

二

在弗兰克城堡附近的森林里，有一棵高大挺拔的松树，松树上有一个老鹰窝，但那里并没有老鹰住。

那个老鹰窝非常破旧，已经裂开了，但它并没有从松树上掉下来。

5月的一个早上，我在森林里散步。我踩在潮湿的落叶上，脚步非常轻。

当我经过那个老鹰窝时，突然看见树上有截黑色的尾巴从那个老鹰窝里露出来，我忍不住好奇地想：那是什么呢？

我轻轻地敲了一下那棵松树，不料老鹰窝里飞出来一只乌鸦！这让我太意外了。

其实，我很早就察觉到这个老鹰窝里有乌鸦住，但我没料到会是银斑和它的妻子。看来它们在那个窝里住了很长时间，并且每年都待在那里。

猎人们每天都会经过那棵松树，但他们没有发现银斑夫妇。

后来，我用望远镜观察过银斑和它的妻子，但没有去它们的窝边，免得吓着它们。

一天，我看到一只乌鸦从溪谷里飞出来，嘴里叼着一个白色的东西。后来它飞到一棵树上，又扔了嘴里的东西，警惕地观察四周。这时，我才发现那只乌鸦是银斑。

那个被银斑扔下的白东西是一个贝壳。银斑飞下树后，又叼着贝壳飞了一会儿，然后停在草丛里。

过了一会儿，银斑用爪子刨出一堆贝壳，还有一些又白又亮的东西。它把这些宝贝在阳光下摊开，还时不时地用嘴翻动它们。我弄不明白它为何喜欢这些东西，也许是觉得稀罕吧。

半小时后，银斑在那些宝贝上盖了些树叶和土，然后飞走了。等银斑飞远了，我悄悄地跑到它藏宝贝的地方，想看看那里有什么好玩的东西。

呵，还真不少！那里有白色的鹅卵石、贝壳、铁片，还有一个陶瓷杯子。我想：银斑一定很爱惜这些宝贝。

自从后来银斑发现自己藏宝贝的地方被我知道了，它很快转移了那些东西，藏在一个我所不知道的地方。

其实，除了喜欢收藏贝壳之类的小玩意儿，银斑的生活充满了危险和烦恼。

有一次，银斑差点被一只猫头鹰抓住。它还经常被一群小鸟驱逐，那些小鸟“唧唧喳喳”地叫着，吵得它没法安静地待着。

那些小鸟之所以讨厌银斑，是因为银斑每天早上都会偷偷地靠近小鸟窝，偷吃里面刚生下来的鸟蛋。但是，我们不能因此说银斑是小偷，人类不也是每天都拿母鸡生的蛋么？

一天，我又看见银斑了，它正衔着一块面包从溪谷里飞出来。有人用砖头把小溪的一部分堵住了，银斑飞过那里时，不小心将面包掉进小溪里，面包马上被水冲走了。

银斑马上向小溪的下游飞去。过了一会儿，它终于找到了冲下来的面包，欣喜若狂地叼着面包飞走了。

三

6月快结束的时候，很多乌鸦带着自己的孩子聚集在一起。

小乌鸦的尾巴都很短，羽毛也很柔软。在那一两周的时间里，小乌鸦们每天都会结识新朋友，而乌鸦爸爸和妈妈可以趁机好好休息一下。很快，小乌鸦们就知道怎么去找食物了。

又过了半个月左右，小乌鸦们开始换羽毛了，它们的父母会给它们上课。于是，平素冷清的弗兰克城堡成了小乌鸦们的学校。

银斑是个教学经验丰富的好老师，我经常看到它给小乌鸦们上课。虽然我听不懂它说了什么，但我猜它讲的肯定是对小乌鸦们有用的生存知识。

小乌鸦们的身体素质和年龄不一样，上的课程也不一样，它们被分成了三个班。它们每天都要练习飞行，还要挤出时间给父母找食物。

到了9月，小乌鸦们的变化可大了。它们的眼睛由蓝色变成了茶色，脑袋瓜儿也变得机灵多了。

小乌鸦们从银斑和自己的父母那里学到了很多有用的知识，比如怎样对付枪或捕鸟器。此外，它们还知道身材肥胖的农妇并不可怕，还有人类打的伞不是枪，等等。

银斑是被大家公认的最聪明的乌鸦，它能从1数到30，而小乌鸦们只能从1数到6。

渐渐地，小乌鸦们还学会了梳理自己的羽毛，它们觉得自己在慢慢长大。但是，它们要学的东西太多了，它们只学会了其中的一部分，还不知道怎么抓鸟蛋。

现在是秋天，小乌鸦们不知道地里的玉米是怎样发芽的，而且它们从来没有长途旅行过。在9月，老乌鸦身上也发生了很大的变化：它们都换了新羽毛，身体变结实了，脾气也更温和了。

银斑以前对小乌鸦们很严厉，但在9月，它的脾气变好了，于是小乌鸦们更喜欢这位老师了。

每天早上，银斑会带着小乌鸦们出去，训练它们飞行。当第一队的小乌鸦集合好后，银斑会叫一声，好像在说："大家做好准备！"

那些小乌鸦就像接受命令一样，会齐声叫道："哇！"

"起飞！"接着，银斑会带领那队小乌鸦笔直地向前飞去。

过了一会儿，银斑又命令大家向上飞。那些小乌鸦们马上很听话地聚在一起，黑压压的一片，向更高的天空飞去。

等银斑发出"散开"的命令后，小乌鸦们会马上四散开去。

紧接着，银斑又让大家排成一行行向前飞。最后，银斑会命令大家集体降落。那些小乌鸦们会马上飞回到附近的地面。过了一会儿，银斑又会叫一声："吃饭了！"于是，那些小乌鸦又会飞出去找食物。有两只小乌鸦负责放哨，它们一边飞在队伍的左右两边，一边寻找食物。

在小乌鸦们找食物的过程中，要是银斑连着大叫几声，告诉大家附近有人正拿着枪，那两只负责放哨的小乌鸦就会传话，提醒大家飞到树丛后躲起来。

等周围没有危险时，大家才会钻出来，然后一起飞回家。

11月到了，乌鸦群必须迁徙到南方。于是，乌鸦群在银斑的带领下，成群结队地飞往南方。

在迁徙的过程中，小乌鸦们又要学习新的知识了。

四

其实，再聪明的乌鸦也会犯傻。

一天夜里，乌鸦群正在休息，突然听到一只猫头鹰在叫，它们吓坏了，马上将缩着的头伸出翅膀，就那样待到天亮。

当时是冬天，气温很低。一只乌鸦由于夜里长时间将头伸在外面，眼睛被冻瞎了，再也看不清东西。虽然乌鸦们在夜里害怕遭到猫头鹰的袭击，但只要天亮了，它们就没事了。它们会在附近转转，找到那只猫头鹰。即使杀不死猫头鹰，它们也会吓唬吓唬它，把它赶到远处去。

1893年的冬天快结束的时候，银斑率领着成群的乌鸦又回到了弗兰克城堡。

一天，我走在铺满积雪的森林里，忽然发现地面上有兔子的脚印。那脚印一直向前延伸，看来兔子在被什么动物追赶。不过，让我纳闷的是，我并没有在雪地上发现其他动物的脚印。

我一路跟踪兔子的脚印向前走着，终于找到了兔子，不过它已经被什么东西吃了，只剩下一些骨头。

在兔子死去的地方，我还发现了一根棕色的猫头鹰羽毛，非常好看，羽毛附近还有猫头鹰的脚印。

过了半小时，我又回到那里时，正好看到一只猫头鹰朝森林深处飞去。

两天后的一个早晨，我又来到森林，被一阵乌鸦的叫声吸引住了。它们看上去像是在争论什么。

我立即走过去，想一探究竟。我看到雪地上有几根黑色的羽毛，羽毛附近躺着一只浑身血淋淋的乌鸦，已经断了气。地上还有猫头鹰的脚印，我猜那只乌鸦是被猫头鹰杀死的。

我猜乌鸦和猫头鹰应该在夜里打架了，那只乌鸦被强壮的猫头鹰拖了出去，它打不过对手，最后送了命。

我将那只乌鸦的尸体翻过来，不由得惊叫一声，原来它竟是银斑！因为它的右脸上有块白色的斑点。

我突然感到很难过。聪明的银斑总是提醒乌鸦群要警惕猫头鹰，可它自己却被猫头鹰杀死了。

后来，由于年久失修，银斑夫妇住的那个老鹰窝从松树上掉了下来。乌鸦群失去了一位德高望重的首领，数量越来越少了。

尽管乌鸦群每年都会回到弗兰克城堡，但我想：过不了几年，这片森林将很难发现乌鸦群的身影，也听不到它们的叫声了。

银狐托米

[加拿大] 欧内斯特·汤普森·西顿

一

在一个小山丘上面，有一片茂密的松林，那儿隐藏着一个狐狸洞。松林前面有一小块空地，空地上开满了美丽的花儿。

夕阳西下，七只小狐狸正在花丛中玩耍，它们蹦蹦跳跳地玩着，时而滚在一起，时而相互追逐，有的追小虫子玩，有的闻蜜蜂的气味，还有的追野鸭掉在地上的羽毛……它们那细软油亮的皮毛在阳光的照射下显得格外耀眼。站在一旁守护这群小狐狸的是一只母狐狸。

在这些小狐狸中，有一只黑色的小公狐狸身体格外结实，它眼睛上的花纹像是缠绕着的黄色带子。它跑起来特别快，一旦它碰到野鸭翅膀的羽毛，其他小狐狸就别想再追上它了。只有等它玩够了，把野鸭翅膀的羽毛丢到一边时，其他小狐狸才能玩撕扯羽毛的游戏。而这时，它又会叼着狐狸妈妈的尾巴玩。每当这个时候，狐狸妈妈就会扬起尾巴，让它没办法下嘴。

正当小狐狸们玩得高兴的时候，狐狸爸爸叼着一只香鼠出现在空地边。狐狸妈妈见状，马上跑过去，把香鼠叼到孩子们身边。那些小狐狸马上朝香鼠扑过去，用尽吃奶的力气撕扯着香鼠身上的肉。

一转眼的工夫，狐狸爸爸就消失在松林中。此时，狐狸妈妈用满怀爱意的眼神守护着孩子们，并时不时地看看四周的动静。

这时，远处传来一阵“呜、噜、嗷”的叫声，那是狐狸爸爸的叫声，它是在告诉狐狸妈妈和孩子们：“敌人来了！要当心！”狐狸妈妈听到叫声后，立刻带着孩子们往洞穴跑去。

此刻，不远处的一棵树上，正坐着一位名叫阿布的少年。他本来是为了找乌鸦窝才爬上树的，却无意中看到狐狸一家在夕阳下享受天伦之乐的情景。于是，他屏住了呼吸，悄悄地看着眼前温馨的一幕。

阿布最喜欢那只黑色的小公狐狸，看着它在空地上神气活现的样子，他不禁轻声笑起来。

阿布正看在兴头上，耳边突然传来了“汪、汪、汪”的狗叫声。原来，他家的猎狗库拉挣脱了绳索，循着他的气息，一路追到了松林的山坡上。

那群小狐狸听到库拉的叫声，吓得马上随着狐狸妈妈钻进洞里去了。

二

狐狸妈妈带着孩子们逃回洞里，把它们安顿好后，马上又跑到洞穴外，想把库拉引到远离狐狸洞的地方。

库拉还没有成年，它虽然有点笨，但是体格健壮，嗓门也大。它看见狐狸妈妈后，大声地叫着，这让狐狸妈妈紧张得心跳加速。

不过，狐狸妈妈知道如何对付这条还未成年的猎狗，它蹿到库拉面前，又迅速地改变方向，撒腿就跑。

“汪、汪、汪！”库拉上当了，立刻向狐狸妈妈追去。

狐狸妈妈像风一样地向前飞奔，它只不过耍了几个花招，就把库拉引开了。接着，狐狸妈妈在跑了一两千米后，又迂回着走最难走的路，把自己的足迹掩盖起来。

追在后面的库拉找不到狐狸妈妈的痕迹，不知道该往哪个方向跑。就在库拉茫然不知所措时，狐狸妈妈已经回到了洞里。小狐狸们很安全，但看得出来它们依然很害怕，连那只最勇敢的公狐狸小黑也被库拉的叫声吓得趴在洞穴的最深处，一动也不敢动。

从听到库拉叫声的那天起，小狐狸们每天都在担惊受怕中度过。但是，生活还要继续。

最近，松林附近的村子里不得安宁，时不时有村民的鸡失踪。布顿叔叔家的鸡也莫名其妙地失踪了。

这天，布顿叔叔的两个儿子正走在那片小山丘上，忽然听到山谷那边传来一阵狗叫声。他们走进山谷一看，原来是阿布家的猎狗库拉正在追一只大狐狸。那只大狐狸正是狐狸妈妈。

不一会儿，狐狸妈妈使了个小花招，藏了起来。库拉不停地兜圈子，使劲儿地抽动着鼻子，却怎么也嗅不出狐狸妈妈的痕迹。

过了一会儿，兄弟俩发现在山谷的另一边，刚才藏起来的那只大狐狸嘴里叼着一个白色的东西。“那不是我们家丢失的鸡吗？”兄弟俩不约而同地惊叫起来。

兄弟俩没有马上行动，他们想看看偷鸡贼到底要去哪里。他们看到狐狸妈妈往草丛中的洞穴跑去。这时，有几只小狐狸已经迫不及待地站在洞口等着狐狸妈妈。

“原来那里有一个狐狸洞呢，走，我们看看去！”兄弟俩拿着粗粗的木棍向狐狸洞走去。他们把粗木棍插进了洞穴，但狐狸洞很曲折，木棍无法伸到洞穴深处。

洞里的小狐狸们都吓得浑身发抖，它们这才知道世界上还有比猎狗更可怕的敌人。

布顿叔叔的两个儿子费尽了心思，也没办法把木棍伸到狐狸洞深处，于是，他们决定第二天带齐挖掘的工具再来捉狐狸。

兄弟俩刚离开洞穴，狐狸妈妈就立刻去寻找新洞穴，想重新安顿吓坏了的孩子们。

第二天清晨，狐狸妈妈把三只健壮的小狐狸最先送到新洞穴里，其中就有那只公狐狸小黑和一只最健壮的雌狐狸。

狐狸妈妈在转移孩子时，狐狸爸爸就在附近的山丘上巡视着，仔细倾听周围的动静。

太阳升起来时，狐狸爸爸发现有敌人来了，于是大声地叫了起来。这时，狐狸妈妈才转移了三只小狐狸。

原来，布顿叔叔的两个儿子又来了，他们拿着铁锹和铁镐直奔昨天发现的那个狐狸洞。到了洞口，他俩立即动手挖起来。突然，他们的工具被一块大岩石挡住了，怎么挖也挖不下去。

两人正发愁时，远处突然传来了“轰”的一声巨响，那是采石场在用炸药爆破岩石。兄弟俩马上有了主意，他们决定用炸药把那块大岩石炸开。于是，他们一个留下守住洞口，一个回去拿炸药。不一会儿，炸药拿来了，他们把炸药放进岩石缝里，然后把引线牵到远处，最后点燃引线，迅速藏好。

一阵震耳欲聋的声音响过，狐狸洞周围硝烟四起。布顿叔叔的两个儿子发现洞口被炸碎的岩石堵住了，他们想：这下洞里的狐狸肯定活不了了。于是，兄弟俩高兴地回家了。

到了晚上，狐狸爸爸和狐狸妈妈想把堵死的洞刨开，却怎么也刨不开。它们接连刨了三个晚上，但洞口依然被堵得死死的。它们只好伤心地离开了，再也没去那个狐狸洞。

三

狐狸妈妈找的新洞穴在一条河边，洞穴的入口处有一块巨大的岩石，这样即使敌人发现了洞穴，也无法挖开和捣毁藏在岩石后面的洞穴。

那三只幸存的小狐狸长得很快，尤其是那只黑色的小公狐狸，它身上的皮毛变成了油亮的黑色。

等小狐狸们再长大一点，狐狸爸爸和狐狸妈妈开始训练孩子们捕食。它们把猎物放到离洞口100米远的树林里，让孩子们自己去找。由于狐狸爸爸和狐狸妈妈的猎物很多，三只小狐狸都得到了很好的锻炼。不过，还是那只黑色的小公狐狸最勇敢，身体长得也最快。

猎狗库拉后来又在山谷里出现了几次，小狐狸们一听到库拉的叫声，就吓得不敢动弹，每次都是狐狸爸爸和狐狸妈妈想办法才把库拉引开。

有一天，库拉突然出现在小狐狸们面前。当时，小狐狸们正在树林的空地上找狐狸爸爸捕回来的猎物。“汪、汪、汪！” 库拉不停地叫着，吓得小狐狸们赶紧逃向洞口。不幸的是，那只最小的狐狸被库拉捉住了，库拉一口咬死了它。

第二天早晨，狐狸家族又少了一名成员。原来，狐狸爸爸叼着一只野鸭准备回家时，遭到了一群狗的围攻。狐狸爸爸慌忙跳进一户人家的院子，没想到它被看家狗咬死了。

就这样，河边的狐狸洞里只剩下狐狸妈妈和两只小狐狸了。狐狸妈妈失去了一个孩子，又失去了丈夫，心情很悲痛，但它下定决心把剩下的两个孩子抚养长大。

转眼到了9月，那只黑色的小公狐狸长得高大强壮，它的妹妹也长得和狐狸妈妈一般大了。现在，我们就称呼这只黑色的小公狐狸为托米吧。

托米能在山野间飞快地奔跑，它已经可以独自狩猎了。不久，它就离开了妈妈和妹妹，开始独闯天下。

刚开始，托米对自己的谋生能力很自信，可自从有一次它被两条狗追赶，脚受了伤后，它才发现独立生活其实并不容易。

夏天到了，天气非常炎热。一天，托米在河里游泳，没想到这时岸边来了几条狗。托米吓得立即钻进河中茂密的草丛，屏住了呼吸。没想到那些狗在河边转了几圈就走了。后来，托米才知道河水能把自己的气味消除掉。

河既是托米的避难所，又是它捕食的好去处。寒冷的冬天，托米靠着机智一次次躲开了猎狗的追赶。托米越长越好看，它那黑色的皮毛渐渐变白，在阳光的映照下，浑身闪耀着银色的光芒。因此，人们叫托米为“银狐”。

银狐的身价向来很高，这不仅因为银狐数量稀少，毛色漂亮，还因为它们非常聪明，不容易被抓到。

四

在冬天，托米一般在白天睡觉，太阳下山后，它才趁着星光或月光出去捕食。如果下过雪，托米也会出去捕食。它经常会去从前捕猎的地方，并想办法把自己残留的气味消除掉。

托米在夜里出去觅食时，总是小心翼翼的，它一般会去农户家碰碰运气，试探一下是否有狗或狗是否被拴着。如果农户家没狗或狗被拴着，它就会大胆地溜进院子，弄到一只肥鸡或死老鼠，然后饱餐一顿。

深冬季节，托米突然有一种从未有过的孤独感，它很渴望有一个伴儿。它常常在月夜发出“呜——噜——噜——”的叫声，希望能听到有雌狐狸回应的声音。

转眼到了第二年2月，一天夜里，托米看到两只狐狸在雪地上相互追逐，非常亲热。托米绝不允许其他狐狸侵犯自己的领地，就生气地追上前去。

原来，那是一只雄狐狸和一只雌狐狸，它们是恋人。雌狐狸身上大部分的毛是红色的，只有脖子下面的一圈毛是白色的，像系着一条白围巾一样，因此，我们叫它“白脖子”。

托米也喜欢“白脖子”，为了赢得“白脖子”的芳心，它必须和那只雄狐狸进行决斗。最后，托米以绝对的优势击败了对手，成了“白脖子”的丈夫。

春天来了。山上厚厚的积雪已经慢慢融化，森林里的动物也开始活跃起来。托米和“白脖子”的感情很好，它们开始在山野间寻找适合栖居的地方。最后，它们在大山深处的一个山谷里挖了一个洞穴。洞穴很隐蔽，它们可以安心地在那里定居。

托米和“白脖子”每次回洞穴前，都要在小河里待一会儿，等足迹的气味消除后，才小心地回到洞穴。

一天，一个小女孩提着一个小篮子去森林，想摘点果子回去。她正走着，忽然发现了一只银白色的狐狸，那正是托米。

小女孩友善地看着托米，不由得轻声惊叹："好漂亮的狐狸啊，它的皮毛真好看！"

托米觉得这个小女孩很亲切，对自己没有敌意，就放松了警惕，慢慢地向小女孩走去。不料，一个可恶的不速之客——一条小狗在这时出现了。小狗看到托米，"汪、汪、汪"地叫着。托米马上逃得没了踪影。

小女孩回去后，就把遇到一只漂亮狐狸的事告诉了家人。

五

当森林一带的树木和小草都变成绿色的时候，"白脖子"的行为举止突然变得有些奇怪。不知道为什么，"白脖子"老是看托米不顺眼，嫌它碍事。

一天，托米刚要钻进洞里，就被"白脖子"的大叫声吓出来了。它想：也许是妻子有什么难言之隐，不希望我看到吧。

其实，那天"白脖子"生产了，它在洞穴里生下了五只小狐狸。这是它第一次生孩子，所以有点紧张和害怕，不希望受到打扰。出于动物的本能，它想保护刚出生的孩子们，所以连丈夫也被它拒之门外。

洞穴里刚出生的那几只狐狸个子都很小，样子也不好看。可是在"白脖子"眼里，孩子们个个都那么可爱。它温柔地搂着孩子们，时不时地舔着它们的身体，用慈爱的眼神看着它们。

托米也很想钻进洞里去看看自己的孩子，可每次"白脖子"都不让它进去。

已经好些天了，托米一直在洞穴附近转来转去。这天，"白脖子"难得出洞穴找水喝。藏在附近土坡上的托米已经看到了妻子，可是“白脖子”在附近的小河边喝完水后，也不关心托米在哪儿，又回到了洞穴里。

“白脖子”生完孩子后，吃的东西都是以前贮备的一些死老鼠，不过这些老鼠很快就要被吃光了。

在洞穴外面转悠的托米也没闲着，它一边担任为妻儿站岗放哨的任务，一边在晚上为“白脖子”找食物吃。尽管“白脖子”仍然不让托米进洞，托米还是把捉到的老鼠等猎物放在洞口。如果“白脖子”没东西吃了，只要它一出洞，就能看到食物。

就这样过了一些日子，小狐狸们在托米和“白脖子”无微不至的照顾下长得很快。

孩子们满月后，托米和“白脖子”就带着它们到洞穴外去玩。这些小狐狸们身材又短又胖，看着像圆圆的毛球。它们走路时步子不太稳，可爱极了。

托米和“白脖子”看着孩子们，感到非常幸福。它们爱孩子，经常不由自主地去舔它们，把它们抱在怀里。为了孩子们，它们乐意做任何事情，即使冒险也愿意。

小狐狸们一天天地在长大，身体也变得结实了，它们在父母的关爱下茁壮成长。

但是，幸福总是那么短暂，危险无处不在。

一天，托米刚叼着猎物回到洞口，就听到附近传来一阵狗叫声。它不禁毛骨悚然，因为那狗叫声是那样熟悉，是它小时候就听过的猎狗库拉的叫声！

托米努力保持镇定，迎着库拉发出叫声的方向跑去，想引开库拉，好让“白脖子”把孩子们带到洞穴的最深处。

托米对自己相当自信，以为从库拉面前逃走并不难，可是它错了。库拉也长大了，它变得高大威猛，跑得也比从前快，再也不是从前那条小笨狗了。

库拉本来想追踪“白脖子”，但托米的突然出现让它乱了手脚，不得不改变计划去追托米。它大声地叫着，飞快地朝托米跑去。托米想甩掉库拉，但发现并不那么容易，它只得东躲西藏，迂回着往前跑。

托米在前面跑着，库拉在后面穷追不舍。眼看对面是陡峭的悬崖，悬崖边是一条狭窄的小道，托米眼珠子一转，决定把库拉引过去。它跑得时快时慢，库拉在后面追着，并不知道托米的葫芦里到底卖什么药。它猜托米大概跑不动了，所以马上加快速度向前追去。

托米跑着跑着，前面就是那条狭窄的小道了，它故意放慢了速度。眼看库拉就要追上来了，托米马上像风一样地向前跑。库拉当然不肯放过托米，也不顾一切地往前冲去。

前面的路越来越窄，就在库拉快要抓住托米的那一瞬间，意外发生了——库拉肩膀的一侧撞到了悬崖上，它被重重地弹了出去，掉到了悬崖下的河里。

河水翻滚着，非常冰冷。库拉被湍急的河水冲得晕头转向。它拼命想游出水面，但激流又把它卷回了水里。它在水里不停地扑腾着，肚子里灌满了冰冷的河水，渐渐地感到体力不支。急流把库拉甩到锋利的岩石上，它的身上顿时鲜血淋淋。不一会儿，库拉身上的血又被河水冲掉了。

库拉拼尽最后的力气想游到岸边，这时一阵大浪把它冲到了岸边的岩石上。库拉虽然死里逃生，但已经遍体鳞伤，再也没有力气回到主人家。差不多有半年的时间，它都在养伤，不能出去抓狐狸了。

对于托米一家来说，它们的生活暂时恢复了平静。虽然它们偶尔能听到洞外有人的声音，但它们始终没被发现。

六

又一个夏天来了。

一天，托米藏在山丘茂密的草丛中准备捕猎，突然，它闻到了一种特殊的气味。它循着气味走过去，发现前方有个非常高大的动物，那种特殊气味就是从那个高大的动物身上散发出来的。那个高大的动物身上的皮毛大部分是亮亮的红色，其间点缀着很多白色的斑点。

托米在那个动物身后停下来，盯着它看，它想在合适的时候对那个高大的动物发起攻击。

从远处看，那个高大的动物一动不动地趴在地上，像是死了一样。其实，它并没有死。它那双大而明亮的眼睛一直紧盯着托米，只不过眼神里还带着些许的恐惧。

托米感觉到对方很怕自己，突然很想知道对方究竟是什么动物。

原来，那是一只小鹿。托米因为从没见过鹿，所以对鹿非常好奇。它慢慢地靠近小鹿，就在它准备向小鹿扑过去时，小鹿突然站起来了。小鹿恐惧地叫着，支起长长的腿，一跃而起，跑了起来。

托米觉得小鹿逃跑的样子很有意思，就在后面一路追小鹿。托米跑着跑着，突然听见身后的地面上传来“咚、咚、咚”的声音，它回头一看，发现有一只和小鹿一模一样的大怪物正气势汹汹地朝自己冲来。托米想：糟了，它一定是那个动物的妈妈！

鹿妈妈见自己的孩子被一只小狐狸追赶，非常愤怒，它背上的毛都竖起来了，眼里迸射出愤怒的火焰。

托米见情况不妙，想马上溜走，可是鹿妈妈跑得很快，不一会儿就追上了托米。

鹿妈妈想好好教训一下托米，它不是用前腿踢托米，就是用高大的身体一次次地撞击托米，可机灵的托米每次都躲开了。

托米好不容易逃到树林里，没想到又被鹿妈妈追上了。鹿妈妈本来想一脚踢到托米身上，不料踢到了树上，踢疼了脚，也踢倒了树。

托米趁鹿妈妈脚疼顾不上追自己，赶紧溜了。

从那以后，托米明白了一个道理：自己不认识的有些动物，很可能就是危险的敌人。

除此之外，让托米感觉到危险的还有布顿叔叔的两个儿子在森林里下的捕猎夹子。

不过，布顿叔叔的儿子都不擅长放这种捕猎夹子。通常，他们把夹子下好后，很长时间都不去管它。

如果有哪只狐狸被布顿叔叔的儿子下的捕猎夹子夹住了，那它一定很愚蠢，因为只要是头脑稍微聪明点儿的狐狸，就会躲开捕猎夹子。对于那些聪明的狐狸来说，躲开捕猎夹子简直太容易了，它们有时还会嘲笑那些下捕猎夹子的人是傻瓜。

托米经常在森林的路上发现布顿叔叔的儿子下的捕猎夹子，它总是不屑地盯着捕猎夹子看，然后在近处的石头上或是被砍断的树枝上撒一泡尿。

后来，布顿叔叔的儿子学会了一种捕猎狐狸的新方法。他们从北方来的樵夫那里得到了一种迷幻药，这种药由海狸油、苦艾以及其他材料混合而成，有种奇特的气味。人只要闻两三滴这种药，就会头晕，产生幻觉。而森林里的狐狸一旦闻到这种迷幻药，就会不由自主地朝药的方向跑去。因此，只要在捕猎夹子上涂上这种迷幻药，就有可能引来狐狸。

布顿叔叔的儿子很想试试这种捕狐狸的新方法是否奏效，于是带着这种药去了森林。他们在原来下的捕猎夹子上涂上了迷幻药，等着狐狸上钩。

对于人来说迷幻药散发出来的气味很微弱，但对于鼻子极其灵敏的狐狸来说，要闻到药味其实并不难。

几天后，托米正走在森林里的一条小路上，忽然闻到了一种奇怪的气味，这种气味让它感觉全身很舒服。托米十分好奇，不知不觉就循着这种气味跑了过去。

托米跟着气味跑了近2千米，终于到了布顿叔叔的儿子下捕猎夹子的地方。托米对这里很熟悉。

托米一直对布顿叔叔的儿子下的捕猎夹子嗤之以鼻，它认为只有笨狐狸才能被捕猎夹子夹住。要是在以往，它看到捕猎夹子就会远远地避开。但今天似乎情况有点儿不一样，托米并没有马上离开，反而觉得周围的环境和以前有些不同了。

其实，这里的环境并没有发生变化，只是迷幻药那种特殊的气味让托米产生了幻觉。

在托米眼里，连满是烂泥的河岸在夕阳的照耀下也非常美。它翕动着鼻孔，大口地吸着那种气味，陶醉在幻境中不能自拔。

托米快走到捕猎夹子那里了，其实它知道那是什么，但那种令它陶醉的气味已经控制了它的大脑。它不由自主地走了过去，身体摇摇晃晃的，就像喝醉了酒一样。

托米向前走着，突然，它趴在了地上，一身银白色的皮毛显得很凌乱，它像是在做一个神奇的梦。

这时，随着“咔嚓”一声巨响，捕猎夹子弹了起来，托米的后背被夹子紧紧地夹住了。

“啊！”正在享受美梦的托米一下子痛醒了，它大叫着想站起来，但发现很困难。它扭动着身子，用力地抻后背，终于把背上的夹子抻下来了。它忍着疼痛，马上逃走了。

幸亏捕猎夹子没有夹住托米的腿，不然它就逃不掉了，只有饿死在这里，等着布顿叔叔的儿子带走它的尸体。

七

逃过一劫后，聪明的托米不会再轻易上当了。而布顿叔叔家还是和以前一样，陆续有鸡失踪。

布顿叔叔经常埋怨两个儿子：“难道你们连狐狸偷鸡这点小事也解决不了吗？你们虽然用了新方法，但还是不管用。不行的话，我自己去下捕猎夹子了！”说完他向森林走去，两个儿子也跟着去了。

其实，捕狐狸的新方法是管用的，只是布顿叔叔的儿子下的捕猎夹子有问题。要想让托米这样聪明的狐狸上钩，可不是一件容易的事，必须用火点燃杉树，用烟熏一遍捕猎夹子，直到完全消除铁器的气味，这样它才有可能上钩。

布顿叔叔把捕猎夹子上留下的迷幻药的气味也除掉了。他想：这种迷幻药只有对笨狐狸才会起作用，聪明的狐狸一旦发现周围的气味不对劲，就会提高警惕，避开捕猎夹子。想用迷幻药的气味去引诱狐狸，这是行不通的。其实，对狐狸最有效的就是自然的气味。

这时的布顿叔叔就像一个精明的猎人，他在地上安装好捕猎夹子，然后将杉树枝放到上面，最后在上面撒上新鲜的鸡血。

布顿叔叔的两个儿子看着鸡血，很好奇地问道：“爸爸，这是什么东西呀？”

“是新鲜的鸡血！”布顿叔叔说完，就带着两个儿子回家了。

两三天后的一个夜晚，托米又被鸡血的气味引诱到了这里。

这里有好吃的东西呀！托米暗自想，可它马上又回想起上次在这里闻到的人和铁器的气味。太恐怖了！可是这次没有上次那种奇怪的气味，只有一种烟味。能弄出烟味的，大概只有人吧？托米不太确定自己的推测是否正确，但记忆似乎在暗暗地提醒着它。

托米向捕猎夹子的一旁走去，周围的烟味很微弱。还是太恐怖啦！它这样想着，又慢慢地后退了几步。突然，只听“咔嚓”一声，托米的脚掌被布顿叔叔下的捕猎夹子紧紧地夹住了。

“嗷！”托米发出痛苦的叫声，它想跳起来逃走，却被捕猎夹子拉了回来。原来，捕猎夹子上拴着一条长链子，链子的一端系在旁边的一个树桩上。

托米用嘴使劲地咬链子，在地上打滚儿……它用尽办法想把脚从夹子里拔出来。不过这次它可不像上次那样幸运。上次捕猎夹子只是夹住了它的背，它只要用点力气就能把夹子挣脱下来，可这次夹住它的脚掌的是个坚硬的铁夹子，它怎么挣扎都无济于事。

整整一天，托米在地上滚来滚去，拼命地挣扎着，它的脚上流了很多血。它被折磨得奄奄一息，心里在暗自祈求着：老天呀，快让我的痛苦结束，让我死了吧！

黎明时分，托米听到周围有脚步声，不禁紧张起来，它还以为有人来了要带走自己，吓得浑身直打哆嗦。

等那脚步声近了，托米才发现站在自己面前的是上次那只踢自己的鹿妈妈，它不禁感叹：真是冤家路窄啊！

鹿妈妈见到托米非常意外，同时保持高度的警惕性，它身上的毛都竖了起来。它想到上次没踢着托米反而踢痛自己的脚的事，怒气顿生，想趁这个机会好好教训一下这只狐狸。

鹿妈妈马上朝托米冲过来，想攻击托米。托米被拴在树桩上，活动范围有限，它试图跳起来躲开鹿妈妈的攻击，但又被链子拉了回去。

鹿妈妈一下子明白了托米的处境，它想上去一脚踢死托米，于是放慢了前进的速度，脸上露出可怕的神情。

过了一会儿，鹿妈妈使出全部的力量跳起来，把力量集中在蹄子上，随后迅速地朝托米身上踢去。

“咔嚓！”随着一声坚硬的东西碰撞的声音，鹿妈妈尖尖的蹄子好像踩到了什么硬东西，它重重地摔倒在地上。这时，紧紧夹住托米脚掌的捕猎夹子竟然被它自己轻松地弄开了。托米又恢复了自由。

托米很高兴，它想站起来逃走，但那只被捕猎夹子夹过的脚感觉很麻木，迈不开步，所以它走路一瘸一拐的。托米发现附近有个栅栏，为了躲避鹿妈妈，它马上钻了进去。

鹿妈妈见托米从自己眼前逃走，又气又恨，它飞快地跑过来，想抓住托米。可惜鹿妈妈身躯庞大，根本无法跳过栅栏。

正在这时，附近传来了小鹿的尖叫声，鹿妈妈不放心孩子，很不情愿地离开了。

刚才到底发生了什么事呢？托米为什么能轻松地把捕猎夹子弄开呢？其实，原因非常简单。刚才鹿妈妈用力踢托米时，刚好踩到了捕猎夹子上的弹簧，因此，捕猎夹子张开了一个大口子。托米趁机拔出脚来，这才死里逃生。

这次惊险的经历让托米再次领教到了敌人的厉害。从这以后，

它不再一味主动攻击敌人，而是认识到防守的重要性。

在以后的生活中，托米不断地避开铁器和带有人类气味的东西。只要是和平时稍微有点不同的气味，它都要避开，因为它知道这些气味有可能把它引向死亡。它已经深刻地认识到这一点：凡是自己不了解的东西，就有可能是自己的敌人。

八

那年夏天，托米有好几个月只能用三条腿来走路，因为那只被捕猎夹子夹住的脚受伤了。它来到山脚下，经常去附近的农户家偷吃的。

托米非常害怕人类，它只敢在农户家的果园、森林边和广阔的庭院尽头徘徊。

有天夜里，躲在草丛中的托米看到对面好像有光在闪动，它仔细一看，发现是一只火鸡的眼睛在动。原来，一只火鸡正趴在草丛中生蛋。托米正在考虑怎样才能吃到火鸡，它身后突然传来了一个声音："天啊，这不是我以前发现的那只狐狸吗？"

托米回头一看，原来是一个手提篮子的小女孩站在那里。

"你是不是想干坏事啊？"小女孩问托米。

托米虽然听不懂小女孩的话，但能感觉到这个小女孩对它很友善，并没有恶意。

托米歪着头打量着眼前这个小女孩，毫无防备之心，像是面对一个朋友。

小女孩一边用疑惑不解的眼神看着托米，一边从篮子里拿出吃的东西朝它扔过来。

啊，那东西太香了！托米连忙跑过去，把小女孩扔的食物叼在嘴里，马上逃走了。

过了两三天，托米又想去上次发现火鸡的地方。它本来想抓火鸡，但一闻到火鸡周围有刺鼻的铁器味，就只好走开了。它慢慢向前走动，但还是有那种强烈的铁器味。

其实，火鸡四周弥漫着的铁器味是上次那个给托米食物的小女孩弄出来的。她想：我要用什么办法才能既不伤害狐狸，又能保护家里的火鸡呢？她记得爸爸曾经告诉她，在火鸡周围摆放一些铁片，一旦狐狸闻到铁器味，就不敢再靠近了。

现在，托米闻到了铁器味，它记住了之前的惨痛教训，再也不敢对火鸡下手。

过了一会儿，托米在院子外看见一只母鸡趴在地上孵蛋，它马上冲过去一口咬死母鸡，把母鸡拖到了森林里。

托米把母鸡埋在森林里一处隐蔽的地方，又回到农户的院子外，把鸡蛋也一个个地弄到了森林里，并埋起来。做完这些之后，托米还谨慎地消除掉自己身上鸡的气味。

托米把鸡蛋埋在地下，是为了以后可以随时挖出来吃掉。可是，鸡蛋一旦被埋的时间久了，就有可能腐烂变臭，聪明的托米怎么没想到这一点呢？

其实，大多数动物不会介意食物是否新鲜。当它们饥肠辘辘的时候，能有吃的东西填饱肚子就不错了，至于腐烂的食物是不是有毒，口感会不会变差，它们并没有考虑那么多。

过了几天，托米就把那只埋起来的母鸡挖出来，带回洞穴，和妻儿一起吃光了。

托米的脚伤一直没有痊愈，如果有敌人出现，它没办法很快逃走。不过，猎狗库拉的脚也摔伤了，很长时间都无法走路，这样，托米就少了一个可怕的敌人。

托米每天出去几乎都能活捉猎物，满载而归。它觉得狩猎很好玩，充满了乐趣。

托米的猎物很丰富，有小青蛙、老鼠、鸡，等等。它每次捕到猎物后，都要先拿来训练孩子们，再让它们吃掉。

一天，托米在河边看到有只香鼠在吃河贝。河岸周围雾气蒙蒙，托米慢慢地靠近了香鼠。香鼠只顾“咔嚓、咔嚓”地吃着河贝，根本没有听到身边有可疑的声音。

托米悄悄地贴近香鼠，然后非常灵敏地把香鼠抓住了。

“吱——吱——”香鼠发出一阵阵撕心裂肺的惨叫，它用尖利的牙齿狠狠地咬托米的身体。托米一时不知道如何处置掌中的猎物。

很快，托米把香鼠叼回去了。刚到洞穴外面的空地上，它就把香鼠扔到孩子们中间。

小狐狸们先是盯着香鼠，紧张得迟迟不敢动。当它们看到香鼠还活着，并发出绝望的惨叫时，它们的征服欲激发了内心的勇气。于是，它们一拥而上，想把香鼠弄死。

其实，香鼠根本不是狐狸的对手，尽管它看上去比普通老鼠大一些，牙齿也尖利得多，但这并不能改变它被狐狸吃掉的命运。

小狐狸们把受伤的香鼠围在中间，就像一群猎狗围住一只狼一样。双方对峙了一段时间后，一只身体最结实、皮毛颜色最黑的小狐狸跑上前去，撕咬着香鼠。

就这样，这只小黑狐狸与香鼠之间最后的决斗开始了。

经过一番仔细观察，这只小黑狐狸对香鼠身上的要害部位已经了如指掌。它们大战了几个回合，最后小黑狐狸一口咬住香鼠的咽喉，香鼠一下子断了气。

当小狐狸们围攻香鼠时，托米和“白脖子”只是在一旁静静地看着，并没有上前帮助，因为它们知道孩子们必须经过长时间的磨炼，才能练就一身过硬的狩猎本领。

九

小狐狸们一天天地长大了，最大的那只已经长到差不多与“白脖子”一般高了。现在，它们不得不与整个家族分离。最先脱离家族出去闯荡的孩子是长得最大的狐狸哥哥，接着是狐狸妹妹们。

很快，小狐狸们一个个离开了，洞穴里只剩下托米和“白脖子”了，它们不禁有些伤感。

托米和“白脖子”也时而分开，时而在一起。有时它们分开的时间很长，但它们还会回到洞中相聚，彼此帮助，相互体贴。

时光流逝，托米和“白脖子”慢慢忘记了与孩子们分离的伤感。它们俩彼此忠诚恩爱，即使分开也是暂时的，只有它们死去才是长久的分离。

托米脚上的伤直到秋天才痊愈。它又变得精力充沛，浑身有使不完的劲儿。它在大山上遇到过很多狐狸，可没有哪一只跑得比它快。除了那条讨厌的猎狗库拉不太好对付外，托米觉得再也没有敌人能让它恐惧了。

托米经常训练自己的奔跑速度、力量和耐力，似乎在为将来某一天与强大的敌人作战做准备。

在大山上，每年的春天和秋天都有雁群飞过。那些大雁伸着长长的脖子，用粗重的嗓音一边叫，一边在空中飞。雁群有时候会在大山上停留，这是因为它们飞累了，要在大山上暂时休息一会儿，顺便找点儿东西吃。

每当雁群来的时候，大山里就会响起枪声，那是人类在用猎枪猎杀大雁。

一次，托米和“白脖子”发现在一个池塘里漂浮着一只死去的大雁，它们把死大雁弄出来吃了。

托米很想靠自己的智谋抓到一只活大雁，但一直没有成功。

有一天，托米和“白脖子”一起去河边。这时，有一小群大雁栖息在河边的地里。地里的农作物已经收割完毕，只剩下光秃秃的秸秆还戳在地里。

托米和“白脖子”趴在河岸上，窥视着地里的动静。地里没有什么东西可以用来作掩护，所以它们无法接近雁群。于是，托米和“白脖子”决定采用一种巧妙的方法来对付大雁。

托米悄悄地藏在一片茂密的草丛中，这片草丛一直延伸到大雁栖息的那块地的中间。

“白脖子”隐藏在靠近那块地的草丛中，它悄悄地潜伏在那块地对面的一侧，然后慢慢靠近那块地。

这时，正在地里休息的那群大雁看到了“白脖子”，它们都警觉地伸长了脖子，并相互提醒有狐狸出现。

“白脖子”故意跳着，在地上打滚儿，接着又躺在地上。它开始慢慢地匍匐前进，每隔一会儿就摆动一下尾巴。就这样，它一路走走停停，离雁群越来越近。

那些大雁虽然看到“白脖子”在朝它们这边走来，但因为“白脖子”离它们比较远，所以它们并不担心有危险，它们有足够的时间起飞。

可是，那些大雁哪里知道这是狐狸抓大雁和鸭子等猎物的常用诡计。“白脖子”不断跳着前进、打滚儿、趴下，它这样做是为了逐渐接近雁群，让它们放松警惕。

地里的雁群中，有一只经验丰富的老大雁发现“白脖子”在匍匐前进，慢慢向雁群靠近，它感觉雁群即将面临危险，就提醒大家：“注意了，有危险！”它后退了一步，其他大雁也跟着后退了一步。

就这样，大雁们慢慢向后退着，渐渐和“白脖子”拉开了一段距离。但是，雁群们只想着向后退，根本没想到那块地另一侧的草丛中还潜伏着另一只狐狸——托米。

当雁群快退到田地中间的草丛，正准备起飞时，托米突然从草丛里冲了出来，一口咬住了那只老大雁的脖子。

就这样，托米和“白脖子”凭借聪明才智，终于成功地捉到了一只活大雁。

十

托米和“白脖子”自从生活在一起后，彼此的感情越来越好。

秋天到了，森林的地面上铺满了落叶，给人一种萧瑟之感。在11月份，每当月夜降临，森林里的动物就会有些异常的举动，它们会变得忧郁，叫声也很凄凉。

托米和“白脖子”也不例外，在秋夜清冷的月光下，它们的举止也变得不同寻常。

托米经常趴在山丘上，高高地仰起头，发出“嗷——嗷——”的叫声。这时，附近的山上很快会响起其他狐狸回应的声音。

托米听到其他狐狸的回应声后，马上来到大山上最高的地方。在山顶，几只狐狸已经在悬崖上会合了。

托米隐藏在悬崖上一处不容易被发现的地方，小心翼翼地观察着周围的情况。不知什么时候，“白脖子”悄悄地跟了过来，安静地待在托米身旁。

慢慢地，在通往山顶的路上，狐狸的身影越来越多，它们都猫着腰，向山顶聚集。当它们到达山顶后，就彼此面对面地趴在地上，保持沉默。

接着，托米一边发出“噜——噜——”的叫声，一边来回转悠。其他狐狸也和托米一样，一边叫着，一边来回走着。

“白脖子”也不例外，它也一边叫一边走，但奇怪的是，它和托米仿佛彼此不认识一样。

直到月亮下山后，这些在山顶边叫边走的狐狸才慢慢离开。渐渐地，山顶又恢复了宁静。

为什么这些狐狸会在月夜里做出异样的举动呢？谁也不知道答案。在那样的夜晚，狐狸们既没有考虑感情，也没有想到食物，更不会想到战斗，谁也不知道它们在想什么。

冬去春来，森林里的狐狸们也开始活跃起来。托米非常机灵，它在翻越山丘时，不会突然出现在山丘上，而是先把头慢慢地露出来，仔细观察山丘周围的情况，在确信没有危险情况后，它才会翻越山丘。

一天，托米翻过了几座山丘，正准备回家。突然，它发现山丘对面有一条大猎狗正在追赶一群绵羊。

那条大猎狗快步追上羊群后，冲上去咬破了一只绵羊的咽喉，那只绵羊马上断了气。就这样，那条大猎狗又咬死了十几只绵羊。

托米怎么也想不到，那条大猎狗就是它曾经非常害怕的强大敌人——库拉。

托米看到库拉残忍地杀害绵羊，非常吃惊，因为猎狗从来都是羊的朋友，只会保护它们，不会伤害它们。

这时，托米突然听到“砰”的一声枪响，原来刚才那群羊的主人发现死了十几只羊后，愤怒地朝凶手射击了。

库拉飞快地跑到附近的岩石旁躲了起来。过了一会儿，又传来“砰”的一声枪响，库拉躲闪不及，还是中枪了。它忍住剧痛，迅速奔逃，消失在岩石旁的山谷中。

那个山谷里有条河，库拉马上钻到水底躲了起来。羊群的主人找不到库拉，只好往回走。

托米听到第二声枪响，就急忙跑开了。它本来想穿过原野逃走，没想到被羊群的主人发现了。

看着十几只死去的绵羊，羊群的主人很心疼，气得全身发抖。他仔细地查看地面上的足迹，但是，羊群早已经把库拉的足迹踩得乱七八糟，根本就辨不清谁是凶手。

羊群的主人大声咒骂着，暴跳如雷，这时他看到托米从眼前一闪而过，就断定它是杀死羊的凶手。他发誓一定要抓到托米，并杀了它，只有这样才能消除他的愤恨。

托米万万没有想到，它成了库拉的替罪羊。因此，它每天都在惶恐不安中度过。

过了几天，羊群的主人发动附近的居民去猎杀狐狸，但一开始大家并不同意这么做。

直到3月份，附近的村子又发生了一起羊被咬死的事件后，人们意识到问题的严重性，才决定去猎杀狐狸。

当然，也有人提出了异议。他们认为杀死绵羊的凶手也可能不是狐狸，因为死去的绵羊身边也有猎狗的足迹。但是，没有人相信猎狗会杀死绵羊。

大家一致认为是狐狸咬死了绵羊。当然，这只无辜的狐狸就是托米。

十一

捕杀托米的行动开始了。

其实，大家捕杀托米的目的不尽相同。那些家中有羊被咬死的农夫希望托米被杀后，自己的羊不再有生命危险。而那些猎人想杀托米，是因为托米漂亮、名贵的皮毛能让他们发一笔财。

令人不解的是，库拉的主人阿布没有参与捕杀托米的行动。这时的阿布已经长大了，是青年人了。他还记得小时候看到托米和它父母在草地上玩乐的情景，他非常喜欢这只狐狸。再说，他家和布顿叔叔家关系一直不好，这次布顿叔叔参加了捕杀行动，阿布不想凑热闹，就去别的地方打猎了。

这天，当人们声势浩大地向森林进发时，“白脖子”刚好在河流上游的山谷里溜达。

进入山谷的猎狗不一会儿就闻到了“白脖子”的气味，它们循着气息，一路狂叫着追了过来。

农夫和猎人们拿着猎枪，堵住了狐狸回家的路，他们知道一旦狐狸被猎狗追赶，就会回到洞穴。

“白脖子”早就听到了猎狗的叫声，当叫声越来越近时，它意识到猎狗追击的目标原来是自己，便想急忙逃走。

此时的“白脖子”挺着个大肚子，再过两三天就要生产了。在这危急时刻，“白脖子”要躲开猎狗的追踪非常困难。为了腹中即将出生的孩子，它还是拼命地向山谷里的河边跑去。

如果天气晴朗、空气清新的话，狐狸的气味在河边很快就会消散。但前几天刚下过雪，地上的雪还没有完全融化，地面非常泥泞。

"白脖子"一路跑着，它的脚、肚子和尾巴上溅了很多泥，黏糊糊的。地面非常湿滑，有好几次它差点跌倒。

上午强烈的阳光照耀着大地，积雪融化得更快了。这时，"白脖子"的尾巴慢慢无力地垂下来。一般情况下，身体健康的狐狸跑的时候尾巴会摇摆；只有当它们身体状况差、浑身乏力时，尾巴才会垂下来。"白脖子"显然已经体力不支了。

尽管如此，"白脖子"依然在泥泞的路上挣扎着往河边跑。山上的积雪融化得很快，雪水慢慢流进了河里，导致河面上涨，河面上那座圆木桥也被河水漫过了。

"白脖子"想跳上圆木桥，再逃到对岸，可它刚在圆木桥上走了一半，不料脚底下一滑，就"扑通"一声掉进了冷冰刺骨的河水里。

河水很湍急，一下子卷走了"白脖子"。"白脖子"在河里拼命地挣扎着，求生的欲望激励着它努力向岸边游去。这时，它全身都湿透了，身子很沉重。终于，它艰难地爬上岸，大声地向托米呼叫："快来救我呀！"

很快，托米就回应了"白脖子"。从托米那短促而尖厉的声音就可以猜出，它非常担心妻子的处境。它像风一样跑向河岸，全身充满力量，很快出现在"白脖子"面前。

但是，托米见到"白脖子"后，并没有马上带它回洞穴，而是退后跑了几百米远才返回来。原来，它想把"白脖子"的足迹弄乱，这样猎狗就分不清方向了。

这时，猎狗的叫声越来越近，托米并没有马上逃跑，它想掩护"白脖子"，故意让猎狗发现自己。

"汪、汪"，猎狗终于在约100米远的地方发现了托米。现在，猎狗对"白脖子"的气味不感兴趣了，转而冲托米跑过来。

当猎狗快要追上托米时，托米一跃而起，机灵地躲开了。托米这么做是想把猎狗引开，好让“白脖子”有足够的时间逃走。

这时，后面的猎狗也发现了托米，它们一拥而上，对托米穷追不舍，雪后的原野上进行着一场激烈的生死角逐。

托米丝毫不敢放慢脚步，它跑啊跑，忽然听到身边“砰”的一声枪响。紧接着，它感到腹部的一侧好像被什么东西灼烧一样，然后是剧烈的疼痛。这时，它才明白眼前最危险的敌人不是猎狗，而是人类。

托米忍着剧痛，断断续续地跑了十几千米。突然，它面前出现了一个铁路岔口。它向前跑了大约两千米又返回来，往其他方向的铁路线跑去。

后面的猎狗追到铁路岔口，循着托米的气味跑了一段距离后，突然迷失了方向，只好放弃了追击。

托米边跑边往回看，不知不觉到了一个陌生的地方，那里离他的洞穴很远。尽管这样，托米还是急切地想回去，它想看看“白脖子”是否平安无事。

这时，托米早已饥肠辘辘，伤口也很疼。它必须马上填饱肚子，这样才有足够的精力跑。可是，它把食物都储存在森林里了，因此它必须尽快赶回去。

就在托米准备往森林的方向跑时，它听到了一群猎狗的吼叫声。它连忙向山丘对面望去，顿时吓得全身颤抖。

只见30多条猎狗一边狂吠，一边向山丘跑过来，后面还跟着十几个拿着猎枪的人。

托米想：一定是我在逃跑途中顾不上消除足迹的气味，才把猎狗引了过来。

托米现在感到极度疲惫和饥饿，它没有退路，不得不在那片陌生的土地上拼命地跑着。它跑过一个又一个山丘，顾不上疲惫和饥饿，只是不停地向前跑着。

十二

山丘上，积雪融化的路面泥泞不堪，托米全身溅满了泥。它盼望着夜晚早点来临，因为天气寒冷，一到晚上河水就会结冰，到时它可以把猎狗引到河边，让它们掉进冰窟窿里淹死。

托米在湿滑的泥地里艰难地跑着，它的腹部疼痛难忍，早已筋疲力尽。突然，它看到前方有个农家小院，于是悄悄地钻进了院子。

一进院子，托米看见一个熟悉的身影朝自己走来，她就是那个在火鸡窝旁出现过的小女孩！

不过，当初的小女孩已经长成大姑娘了。由于她的面容没有太大的改变，所以托米还记得她。

外面猎狗的声音越来越近了，托米知道自己逃不了了，它挣扎着趴在女孩面前的地上，似乎在乞求女孩救它。女孩连忙把托米藏到了房间里，然后把门窗都关上了。

这时，猎人们带着猎狗来到了女孩家门前。他们在门外大喊：“把狐狸交出来！”

猎狗们也大声地叫着，外面像炸开了锅一样。

女孩的父亲听到外面的叫喊声，回应道：“这只狐狸进了我家，它就是我的了！”

院子外的猎人们见快到手的猎物落入别人手中，十分不满。他们用力地拍打着院门，叫嚷着“开门”。

女孩的父亲感到有些为难。他知道女儿喜欢这只狐狸，不希望别人伤害它，可是，如果他救了这只狐狸，就会得罪很多村民。他思来想去，想找一个两全其美的办法，却苦无结果。

这时，外面的猎人们跟院子里的父女商量：“不如我们双方都退让一步，让那只狐狸先跑400米，再让猎狗追它。谁抓到了狐狸，狐狸就属于谁！”

女孩哭着央求父亲：“不行！不能让他们杀死我的狐狸！”可是，她父亲还是无奈地打开了院门，放托米出去了。

托米又一次在泥泞的雪地中开始逃命。刚才在女孩家里的短暂休息，让托米的体力得到一定的恢复，它又打起了精神。

托米先在山丘脚下绕行，然后很快跑到山丘上，向大山的山腰跑去。看到前面就是自己的熟悉领地，它感到了激动和惊喜。

正当托米鼓足力气向前跑时，它身后传来了熟悉的狗叫声。不用说，那是库拉的叫声！

托米又气又恼，它好不容易甩掉了30多条猎狗，即将和妻子团聚，却遇到了它最不想见到的敌人！

与其他30多条猎狗相比，库拉离托米最近。托米刚从库拉身边一跃而过，库拉就冲过来紧追不舍。

为了逃命，托米顾不上腹部的疼痛，连脚掌心都磨出血来了，但它不能停下脚步。它本想朝通往悬崖的那条羊肠小道上跑，想把库拉引到那里，可是库拉对它一阵狂吠后，它马上有了新的主意，转而朝河边跑去。

夕阳已经落山了，晚霞把河水照得很亮，给河水染上了一层玫瑰红。河面上漂浮着大大小小的冰块。

库拉的叫声越来越近了，托米看着湍急的河水和浮动的冰块，咬咬牙，决定渡河逃生。

托米从岸上跳到一块漂过来的大冰块上，又从这块冰块跳到另一块冰块上。最后，它又跳上一块离河岸较远的冰块，摇摇晃晃地顺流而下。

追到岸边的库拉见托米跳上冰块逃走了，也跳上一块冰块，摇摇晃晃地朝托米追去。

托米和库拉各自乘着一块冰块，顺流而下，前面传来了大瀑布“哗哗”的流水声。

这时，库拉的主人阿布正在到处找它。阿布走到河岸边，刚好看到托米乘坐一块冰块向岸边漂去，而他的猎狗库拉也乘坐着另一块冰块向河心漂去。

后面追上来的30多条猎狗也到达了河岸，它们远远地看到托米和库拉的背影在河转弯的地方一闪而过，接着，它们突然听到库拉凄厉的惨叫声……

十三

又是一年的夏天，现在是6月。

森林里到处是生机勃勃的景象。阳光从树叶的缝隙漏下来，照得森林亮堂堂的。

动物们在树上、草丛间追逐嬉戏，大自然供给动物们充足的食物，让它们过着安逸自在的生活。此外，森林还是一个天然的屏障，动物们即使遇到危险，也能从容应对。

6月的山谷美丽极了。

这天黄昏，在静谧的山谷小路上，一对年轻的恋人手拉着手正在散步。其中的男孩个子很高，身材魁梧；女孩长着一双大大的蓝眼睛，非常漂亮。

这对恋人爬上了一个便于观看夕阳的山丘。他们在山丘上肩并肩站着，一起欣赏夕阳下的山谷美景。

四周静悄悄的，男孩和女孩一直凝视着前方，默默无语。

突然，在开满野花的土坡上，一只雌狐狸悄无声息地出现了。雌狐狸似乎很胆大，它丝毫不怕被两个年轻人看到。它用非常轻柔的声音叫着，一定是在呼唤自己的孩子。很快，从附近的草丛里跑出来一只只可爱的小狐狸。

雌狐狸的脖子上有一圈白色的毛，就像系着一条白围巾。它一边温柔地看着孩子们，一边密切地关注四周的动静。

过了一会儿，附近的草丛中有什么东西在动，接着就出现了一只银白色的雄狐狸，嘴里还叼着猎物。

男孩盯着雄狐狸看了一会儿，忽然对身边的女孩说："就是它！就是我以前见过的那只狐狸！它终于赢了！"

女孩也大惊道："啊，这不是我原来救过的那只狐狸吗？"

原来，那只雄狐狸就是托米，雌狐狸是"白脖子"，而男孩就是阿布。

那年春天，猎狗库拉乘坐着冰块被河水冲到了河心，在河的转弯处，库拉被急流卷下大瀑布，结果被淹死了。而托米死里逃生，逃到了岸上，回到了"白脖子"身边。

这一对历尽苦难的夫妻又过上了平静的生活。"白脖子"后来又生了很多小狐狸。

此时，美丽的夕阳把暖暖的余晖洒在山顶的岩石上，也洒在这一对年轻的恋人身上。

看到大山上的银狐托米和妻儿幸福地生活着，这对年轻的恋人觉得自己也很幸福。

树木的年纪

[法国] 让·亨利·卡西米尔·法布尔

保罗叔叔刚刚在花园里砍了一棵梨树。这棵树已经很老了，近几年都没有结过梨子，不仅如此，它的树干也已经被虫子蛀得空空的了。

在以前那棵老梨树附近，保罗叔叔又种了一棵新的梨树。孩子们看见他们的叔叔正蹲在老梨树树桩旁，专心致志地看着什么。姐姐克莱儿带着大弟弟喻儿和小弟弟爱密儿走了过来，想看看叔叔到底在干什么。

“1、2、3、4、5……”保罗叔叔数着数，手指还在树桩的断面上点着。

见到三个孩子，保罗叔叔热情地招呼他们：“孩子们，快来！这棵老梨树正要把它的故事讲给你们听呢！它有些有趣的事儿要告诉你们呢！”

孩子们都笑了起来。

“它能告诉我们什么呢？”喻儿问。

“到这里来，看看我用斧子把树木砍断的地方，”保罗叔叔说，“木头上是不是有不少圆圈呀？你们仔细看看，那圆圈是绕着树中心形成的，密密麻麻的，一圈又一圈地变大，一直扩展到树皮边为止。”

“我看见了！”喻儿说，“是一个个套着的圆环。”

“我知道，我知道！这就像把一块石头扔到河里去，水面上就出现了一个又一个圆圈。”克莱儿接着说。

“现在我也看见了。”爱密儿说。

“对。我告诉你们，”保罗叔叔说，“这些圆圈叫作‘年轮’。你们知道它们为什么叫这个名字吗？”

“为什么？”孩子们异口同声地问。

“因为每一年，树木只能长出一个这样的圈，记着，只有一个，不多也不少。这是终身研究草木的学者——人们通常把他们称为植物学家——告诉我们的，这毫无疑问，一年只生一个。从种子里抽出小树芽开始，到它长成树木，直到老死，每年增加一层木质，也就是增加一个圈。知道了这个，我们就可以来算算这棵老梨树活了多久。”

保罗叔叔取来一根针，以便点算。爱密儿、喻儿和克莱儿都认真地看着。1、2、3、4、5……他们小心地从树心数到树皮，一直数到了45。

“一共有45个圆圈，”保罗叔叔宣布说，“谁能告诉我这代表什么？”

“就像你刚才说的——这很容易嘛——一年生一个圆圈，那么这棵树一定是45岁了。”喻儿说。

“看，我没骗你们吧！老梨树自己告诉你们，它已经45岁了。”保罗叔叔笑嘻嘻地说。

“这多容易呀！”喻儿嚷嚷道，“这简直太明显了，就好像我们看着它一岁一岁长起来似的。叔叔，我们还要看看别的。如果梨树是这样的话，那么别的树呢？比如橡树、榉树、栗树，它们的年龄算法也跟老梨树一样吗？”

“完全一样。在我们的地球上，每一棵树都是这样的，一年一个圈。只要数一数圈，就能知道它的年龄。”

爱密儿插嘴说道：“唉， 太可惜了！前几天，路边的大榉树被人们砍倒了。那棵树多好呀！如果把它所有的枝桠铺开来，能盖满一大块田地。它一定非常非常老了，可是我那时还不知道这种办法，也没能算算它的年龄！”

“并不算太老，”保罗叔叔说，“我数过它的圆圈，一共有170个。”

“就是说，它有170岁了。”喻儿说，“一棵树能活那么久呀！我觉得，如果不是因为修路而砍掉它，那么那棵榉树一定还能活很久呢！”

“对我们来说，170岁可真是一大把年纪了，没人能活那么久。”保罗叔叔说，“树木就不一样了，在树木中，这年龄还是很小的呢！我们到树荫下坐一会儿吧，我好好给你们讲讲关于树木年纪的事情。”

说着，保罗叔叔就带着三个孩子坐到了树荫下。

“人们常常提到，桑塞尔那儿有一棵栗树，它的树干周长至少有4米呢！保守说的话，它的年纪也得有三四百岁了。你们可别因为这个数字而大惊小怪！要知道，我要讲的故事才刚刚开始呢！按照惯例，讲故事的人当然要把最古老、最久远和最好玩儿的故事留在最后压轴呢！”

保罗叔叔接着说："有很多大栗树非常出名，比如瑞士日内瓦湖边的牛夫·赛尔地区，以及蒙特利马一带的爱沙地区的大栗树。前一棵栗树，它的根大概蔓延了一个直径为13米的圆圈，1408年时，树下还住过一个隐士呢！从那以后的450年中，它被雷电击中了好几次，但幸运的是，它很坚强，活了下来，枝叶至今还非常繁茂呢！而后一棵栗树就没那么幸运了，它比较高的枝条都已经没了，树干的周长足足有11米，就像老年人的皱纹一样。要判断这两棵树的年纪，还真不是一件容易的事。也许得有1000年了，现在这两棵树还没有死，都结着栗子呢！"

"1000年！如果不是叔叔说的，我可不信呢！"听到这儿，喻儿吃惊地插了句话。

"安静点儿，听完再说。"叔叔教训他说。

"世界上最大的栗树，要数西西里岛埃特纳山上的那棵了。你们打开欧洲地图，看看地中海中部，那儿有一块像靴子一样的半岛，那就是美丽的意大利；在靴子尖的对面，有一个三角形的岛，那就是西西里岛。埃特纳火山是这座岛上顶有名的一座山，是一座火山。那棵栗树就长在这座山的山坡上。人们把这棵树称为'百马栗树'，这里面还有个故事呢！古时候，阿拉刚国的王后雅娜有一天来这座山上游玩，结果遇到了暴风雨。她和随行的100多人马就跑到这棵树下躲雨——竟然都被树荫遮了起来。如果要抱住这棵树，那可需要30多人手拉手地围起来呢！树干的周长大概得有50米呢！人们都说，它看起来真像一座塔呢！这棵树的树干中下部分还有一个裂口，两辆马车可以从这里并排着驶过去。令人惊讶的是，这棵大树现在还能长栗子呢！至于它的年龄，人们无法估算，因为大家都觉得，这么粗的树干，是由几棵大树合起来组成的，只是由于靠得太近，无法辨认了。”

孩子们听得出神了。保罗叔叔的精彩故事才刚开始呢！

“在德国维登堡的纽斯塔特，有一棵大菩提树。这棵树的枝桠太繁茂、太沉重了，人们就在下面支起了100根石柱来支撑它们。树枝遮盖的范围大概有方圆130米。

“在诺曼底阿罗维尔墓地，有一棵老橡树，它是法国最古老的橡树之一。在近根处量一量它的树干，你会发现周长竟然有10米。树的下半部分已经空了，人们在空的地方建了一座小教堂，来供奉和平女神。这棵古老的树见证了许多人的生死。照它的大小来测算，它大概已经有900多岁了。也就是说，孕育它的那颗橡子，大概是在公元1000年左右发的芽。现在，它仍然生机勃勃地长了满树枝叶。也许，它还会再活上这么多年岁呢！

“还有一些更出名的橡树呢！1824年，阿顿尼斯的一个樵夫砍倒了一棵大橡树，竟然在树干里发现了很多祭祀用的古钱币和瓶子。这棵大橡树活了有十五六个世纪呢！

“接着上面说的那棵活在墓地里的树，我就再讲一个类似的故事。在尤尔县的海衣公墓，有两棵著名的水松。1832年的时候，这两棵水松的枝叶能把全部墓地遮盖住呢！除此之外，它们还遮盖了一部分的教堂。在它们的庇护下，这些墓地和教堂才没受到什么大的损害。后来，在一次非常猛烈的大风暴中，这两棵水松的一部分枝叶被吹倒了。所幸，它们并没有因此死掉，身形仍然挺拔高大。它们的树干也完全空了，每棵树的树围都有9米左右。有人估算，它们的年龄都在1400岁左右。

“不过，这两棵水松的年龄还不是最大的呢！在苏格兰公墓中，有一棵树围长达29米的水松，据保守估计，它的年纪也在2500

岁左右了。在苏格兰另一处公墓里，也有一棵类似的水松。1660年时，它出名了，全国都沸沸扬扬。那个时候，人们估算它的年纪在2824岁左右。如果现在它还活着的话，可以算是欧洲的树祖宗了，几乎经历了30个世纪呢！”

三个孩子听得目瞪口呆。

“我的故事就说到这里了。现在，该你们几个发表看法了。”保罗叔叔笑眯眯地看着他们。

“我宁可不吱声，叔叔。”喻儿像个小大人一样说道，“听了你说的这些树，我的心里只有感动。”

“我正在琢磨苏格兰墓地中的那棵老水松呢！”克莱儿说，“3000年，天哪！”

“我的好孩子，这个数字只是保守的估计呢！我敢说，世界上有许许多多更古老的树，只是我们还不知道罢了。”保罗叔叔说，“我想，有些树的年纪会跟人类的历史一样古老呢！”

飞碟遇难记

[英国] 梯姆·斯道特

老教授克林行为古怪，而且又跛又脏，他住在一幢孤零零的小楼里，过着隐士般的生活。12岁的丹尼一直想搞清教授到底在搞什么秘密活动。

在一个雷雨交加的下午，丹尼来到教授那幢阴森的小楼边，躲在楼外一棵大树的后面。不久，教授身披雨衣走了出来，他揭开了房子四个角落里的帆布，露出裹着的掩体，里面竟然是四根闪闪发亮的金属筒。借着闪电的光亮，丹尼看见教授正在操控一根巨大的金属操纵杆，兴奋、贪婪地注视着雷雨交加的天空。顺着他的目光看去，丹尼被眼前的景象惊呆了——他居然看到了一艘飞碟！随着一阵震耳欲聋的爆炸声，一道道锯齿般的白光吐着火舌照亮了如黑夜一般的天空。原来，教授竟在诱捕飞碟。那艘惊慌失措的飞碟在白光中东突西撞，渐渐没了招架之力。

“轰隆”一声巨响过后，飞碟停止挣扎，落在了地上，坠落时溅起了大量尘土和草屑。丹尼惊恐地看着飞碟，这个庞然大物足有游泳池那么大。

教授带着武器登上飞碟。不一会儿，他双手紧抱着一个用雨衣包裹的圆鼓鼓的东西走了出来，那东西看起来很重，教授步履蹒跚地上了楼，随后，楼上的灯亮了。

丹尼又惊又喜地盯着飞碟，他壮着胆子慢慢靠近这个大家伙。只见飞碟的外壳已经布满了焦黑的伤痕，那是被教授制造出来的白光击中而留下来的痕迹。丹尼顺着入口处的斜坡，走进了飞碟内部，地板上散落着各种奇怪的仪器。忽然，丹尼的肩部落上了一个又圆又硬的东西，接着又有几块黑色玻璃碎片掉到他的手臂上。原来这里不止他一个人。两个像萝卜一样的圆滚滚的东西蠕动着来到他的跟前，他们浑身呈紫色，长着两只细弱的触手和许多绒毛样的紫色小脚，身高不足1米。这两个圆东西看起来吓坏了，身体颤抖不已，一只由于害怕而不断眨巴着绿眼睛，并用惊异、警惕的目光盯着丹尼。

他们看起来异常孤独和伤感。丹尼蹲下身来，温和地对他们微笑着，小心翼翼地用手掌抚摸他们纤细的红色触手。

这两个“萝卜”不知从哪儿拿出三颗闪闪发光的珠子，他们俩一人拿一颗，把剩下的一颗粘在了丹尼的前额上。

“喂，我们有麻烦了！”丹尼听到了他们用流利的英语说话。

“看来你心肠很好，又很聪明，请你帮帮我们吧！”

丹尼惊异得忘记了眨眼：“可以，不过你们为什么会说英语呢？”

“我们是利用你头上的‘宇宙翻译器’来说话的。”

通过宇宙翻译器，丹尼了解到这两个“萝卜”来自朱皮特星球。他们三兄弟还是孩子，没有宇宙驾驶执照，但出于好奇心，他们偷偷地开走了父亲休假用的飞船，结果不小心让飞船陷进氮气旋

涡，被教授的电子仪器干扰，坠落下来。

他们是三兄弟，可是其中一个兄弟不见了。

丹尼告诉他们，教授抱走了一个用雨衣包裹的东西。两兄弟头上那几撮纤维般的头发顿时直竖起来，闪出愤怒的红光。

丹尼带着他俩爬到实验室的窗户底下向里面偷看。两兄弟走起路来轻飘飘的，就好像刚刚卸掉了千斤重担，他们说这是地球引力的缘故。在飞碟上，他们按照朱皮特星的引力强度设计了适合他们的引力环。如果到访别的星球，他们需要服用一种引力转换药品，以适应不同星球的引力。丹尼要他们先别服药，于是两兄弟就像海滩上的橡皮玩具一样在丹尼身旁忽上忽下地飘浮着。他们感到前所未有的轻松愉快，用卷曲的粉红色指头好奇地胡乱抓挠，兴奋得哇哇直叫。

透过窗户，他们发现教授正在追逐另一个“萝卜”。他一手拿着滚烫的火钳，一手拿着注射器，像对待凶猛的野兽一样对待这位天外来客。朱皮特人不甘束手就擒，他上蹿下跳，在桌子、书架和仪器箱子上左躲右闪。这个朱皮特人顽强地抵抗着，每当教授快要接近他时，他的头发就闪耀着红光，并用一只触手拿起手边的放大镜向教授砸去，气得教授哇哇大叫。过了一会儿，那位朱皮特人抓住一个古典式吊灯罩，在半空中晃荡起来，教授用手里的火钳凶狠地撬他的触手。

这时，吊灯上的朱皮特人发现了他的两个兄弟，就松开一只抱着灯罩的触手向他们打招呼。教授猛一转身，凹陷的双眼贪婪地盯着他们，又多了两个标本！等教授逼近朱皮特人时，丹尼动作敏捷地跳入室内，并把灯关掉，然后引着三个朱皮特人一起向前冲去。

“砰”的一声，教授在黑暗中摔了一跤，他在气急败坏之中发现了丹尼，惊呼道：“是你？！那个经常来偷窥我秘密的小家伙！我给你50便士，快帮我抓住这三个活标本。”

“不，我决不帮你，给我100万英镑也不干！”

教授暴跳如雷，抓起电话：“喂，是杜宾警官吗？我是流星山上的克林教授……天哪！你们还要收费？这可是一次意义重大的科学奇遇……哎哟！”

教授追到楼下，朱皮特人死死地缠住他，在他身上胡乱抓挠。

克林教授用尽全身的力气猛扑过去，结果撞在门边的酒柜上，柜里的威士忌酒“哗啦”一声，全扣在他的头上，他从头到脚湿个彻底。

丹尼带着朱皮特人跑到果园。可是，他们吃了过量的引力药，不仅身上的浮力消失了，而且只能迈着乌龟式的步子慢慢爬行，简直比蜗牛还慢。

教授随后就追了出来，却一脚撞进了朱皮特三兄弟刚设置的防盗生物电网，结果他双眼发直，迷迷糊糊、跌跌撞撞地来回走着。这时，杜宾警官赶来了。

“警官，快恭喜我吧！外星人到这里来了。今天是个伟大的日子——对科学界，对我，对你，快恭喜我吧，警官！”

肥胖的杜宾警官用手扶住了东倒西歪的教授，他浑身散发出浓烈的酒味。

“你一定是泡在酒缸里了，”杜宾警官抬脚就上了警车，“好了，教授，如果你不想被外星人抓走的话，还是赶快回屋睡觉吧，哈哈哈！”

狂怒的教授无奈地回到了他的小楼里。不一会儿，他拿着一盏灯又出来寻找朱皮特人了。可是疲惫的朱皮特人还在用龟速慢慢爬着。丹尼急得不知如何是好。

突然，树林里出现了一个高大的身影。他用一双大得出奇的触手同时抓住两棵大树，轻轻往上一提，大树就被连根拔起。

又来了一个朱皮特人！他的触须异常弯曲、粗大，活像老榆树根。教授顿时吓得扔掉了灯。他一定是朱皮特三兄弟的父亲，前来寻找三个孩子和失踪的飞碟。

小朱皮特人将小触手紧贴在父亲巨大的身躯上，他们的父亲用触手慈爱地抚摸着儿子，头上的毛发发出温柔的红光。

高大的朱皮特人眼睛上贴着一枚珠子似的宇宙翻译器，他对丹尼说："真该好好谢谢你，要不是你，我那三个任性的孩子早就成了标本。你的行为让我看到，地球上的普通人倒是非常友好，而且善良。但是，对教授那样的人，我必须给他点儿教训才行。"说完，他向教授嘴里喷射了一点儿东西，然后又给了他猛力一击，教授便像羽毛一样轻飘飘地飞了出去。

"恐怕数小时之内，他都将处于失重状态，"高大的朱皮特人说，"我给他吃的反引力药片剂量大了一些。"

一家人准备返航了。朱皮特三兄弟恋恋不舍地向丹尼告别，他们说等考过了宇宙驾驶执照后会再来地球看望丹尼，并送给他两枚宇宙翻译器留作纪念。

丹尼伤感地看着飞碟飞离地面，这时他才突然想起自己还有好多好多问题没问这些宇宙朋友呢！

这时，空中突然传来教授的喊叫声："救命啊！快报警！"

"他们是不会相信你的，"丹尼冲着空中大喊，"你忘了杜宾警官的话了吗？——赶快回去睡觉吧。"

地下的搏斗

[苏联] 维·比安基

距离我们集体农庄不远的森林里，有个出了名的貛洞。它虽然叫作“洞”，实际上却是一座几乎被貛挖通了的山冈，里面纵横交错，形成了一个完整的地下交通网。

塞索伊奇带我去看了那个“洞”。我围着它转了一圈，数了数，一共有63个洞口，这还不算那些隐藏在灌木丛中、从外面根本看不出来的洞口。

谁都看得出来，住在这座宽敞的地下隐蔽所里的不仅仅是貛，因为在几个入口处，有成堆的甲虫在蠕动——有埋葬虫、推粪虫和食尸虫，还乱堆着许多鸡骨头，还有许多兔子的脊椎骨。这可不是貛干的！它从来不抓鸡和兔子。况且，貛很爱干净，从来不把吃剩下的食物乱丢。所以，我们可以很肯定地说：这里还住着狐狸！它们狡猾、邋遢，最爱吃的就是鸡和兔子！

塞索伊奇说：“我们这儿的猎人用了好多办法，想把貛和狐狸挖出来，可总是白费力气。不知道那些狐狸和貛都溜到什么地方去了。在这儿，怎么也挖不出来。”他沉默了一会儿，又补充说：

“现在，我们来试试看吧，用烟把里面的家伙熏出来。”

第二天早晨，塞索伊奇和我，还有一个小伙子，我们一行三人向山冈走去。一路上，塞索伊奇老是开那个小伙子的玩笑，一会儿说他是烧炉工人，一会儿又说他是伙夫。

我们三个人忙了半天，才把那里所有的洞口堵上，只留下山冈下面的一个和山冈上面的两个没有堵。接着，我们搬来一堆枯树枝，放在山冈下面的那个洞口。

我和塞索伊奇两个人各自站在山冈上面的洞口附近，躲在小灌木丛的后面。那个小伙子在另外一个洞口点起火来。很快，火堆冒出了冲鼻的浓烟。一会儿工夫，烟就飘到洞里去了。

我们这两个射击手站在埋伏的地方，焦急地等待着浓烟从洞口冒出来。机灵的狐狸也许会早一点蹿出来吧？也有可能是一只又笨又懒的肥獾先出来。又或许在那个地下洞府里，它们已经被烟熏得迷了眼睛。

可是，洞里的家伙可真有股耐力呢！

我看到烟升到我和塞索伊奇这边的灌木丛后面来了。估计等不了多久，就会有野兽打着喷嚏和响鼻跳出来了。枪已经端到肩膀上了——可不能让那行动敏捷的狐狸跑掉！

烟越来越浓，一团团地往外冒，弥漫到灌木丛旁边来了，熏得我睁不开眼睛，眼泪都流出来了。

可是，野兽还是没有出来。由于手托着放在肩上的枪非常累，我不得不把枪放下了。

我们等了又等。那个小伙子一个劲儿地往火堆里添加枯树枝。可是，我们还是没有等到一只野兽。

“你以为它们被烟给熏死了？”在回去的路上，塞索伊奇说，

“没有，老弟，它们一定没有被熏死！因为烟在洞里是往上面升的，它们也许钻到地底下去了。谁知道它们那个洞有多深啊！”

这次失败的经历使塞索伊奇很不高兴。为了安慰他，我对他说：“也许应该弄一条腊肠犬来，这种猎狗很凶猛，可以钻到洞里把野兽撵出来。”

塞索伊奇一听兴奋极了，央求我无论如何也要给他弄这样一条猎狗来。我答应帮他想办法。

这件事过去不久，在我去列宁格勒时，一个熟识的猎人将他心爱的腊肠犬借给了我。

我立刻赶回农庄，可是当我把小狗带去交给塞索伊奇的时候，他竟然对我发起脾气来：“你怎么啦？是来取笑我的吗？这样一只小老鼠，别说是老公狐，就是小狐狸也能把它咬死的。”

塞索伊奇是个小个子，对此他一直很不满意，别的小个子（包括狗在内），他都瞧不起。

腊肠犬的外表的确很滑稽：又小又矮，身体细长，四条小腿儿歪歪扭扭的。可是当塞索伊奇满不在乎地向它伸出手的时候，这条粗野的小狗立刻龇出了锋利的牙齿，发出恶狠狠的咆哮，朝塞索伊奇猛扑过去。塞索伊奇连忙向旁边一闪，说了句：“好家伙，真够凶的！”

我和塞索伊奇又出发了，我们刚走到山冈前，腊肠犬就吼叫着冲进了黑咕隆咚的洞里。

我和塞索伊奇握着猎枪，耐心地在洞外等着。那洞深极了，站在外面什么也看不见。

我忽然有些担心：万一腊肠犬出不来，我还有什么脸面去见它的主人呢？

就在我胡思乱想的时候，地下突然传来了响亮的狗叫声，看来腊肠犬已经发现了猎物。

叫声持续了一会儿，便停止了。我们知道，腊肠犬一定追上了猎物，正和它厮杀呢！

这时我才忽然想到：通常这样打猎时，猎人会带上铁锹，等猎狗在地下和敌人一交战，便动手挖开它们上面的土，以便在猎狗失利的时候帮助它！可现在，在这个不知道有多深的洞里，我们怎么帮助腊肠犬呢？怎么办？腊肠犬一定会死在洞里的！谁知道里面究竟有多少只野兽啊！

忽然，又传来几声闷声闷气的狗叫。我还没来得及高兴，所有的声音又突然消失了！

“老弟，咱俩大概干了件糊涂事儿！”塞索伊奇懊悔地说，“它一定是遇到狐狸或老獾了！”

他的话音还没落，突然从一个洞口传来一阵窸窸窣窣的声音。一条尖尖的黑尾巴从洞里伸了出来，接着是两条弯曲的后腿和长长的身子，上面沾满泥土和血迹！是腊肠犬！

我们高兴地奔过去。这时，腊肠犬已经从洞里钻出来了！嘴里还拖着一只死去的老獾!

我和α星球上的“我”

[苏联] 亚历山大·别利亚耶夫

我的爸爸是个太空飞人，他总是从这个星球飞到那个星球，很长时间都不回家，这样的日子已经持续了好几年时间。我常常坐在窗前急切地盼望着他回家，因为他每次回来都会给我讲好多好多太空故事。

神秘的太空像磁盘一样深深地吸引着我，我常缠着爸爸，要他带我一起去其他星球探险，可他总说我还太小。终于，我的愿望在今年暑假实现了。

7月5日这天，我和爸爸乘坐的星际航天器起飞了！

时间悄无声息地流逝，当星际航天器载着我们飞往遥远星系的时候，我慢慢进入了梦乡。着落时，航天器发生剧烈的震动，把我吵醒了。

“我们到了！”爸爸穿着宇航服，笑着说道。

α星球非同一般，它是一个由一层厚厚的烟雾环绕着的星体，这烟雾的作用就像地球的大气层。

爸爸指着远处发光的丘陵对我说：“看，这可是稀有景观！”

在黑色太空的映衬下，小山丘显得分外明亮。而闪烁的星星离我们好近，似乎一伸手就能够到。

不过，今天我们哪儿也不能去，因为爸爸的工作安排得满满的，没有时间陪我出去玩。所以，我只好一个人留下来复习功课。首先，我复习乘法口诀："9×9……"

"81！"一个尖声细气的声音回答道。

"7×7……"

"49！"还没等我开口，那个声音又抢先说出了答案。我环顾四周，可是一个人也没有。我心想，大概是我听错了吧！

我从头开始背诵乘法口诀，但那个奇怪的尖细声音总抢在我前面说出答案。

阳光透过舷窗射进舱内，忽然，一束光带状宇尘直射到舱中。一个小东西藏在这束宇尘光带里，发出五彩的光芒。"伸手！"那尖细的声音叫着。

这次，我看清了，那是一个只有两滴水珠那么大的小男孩，模样跟我很像，只是头上没长头发，只有闪烁着五彩光芒的天线。我伸出手，摸到了一个热乎乎的东西，小男孩就立刻出现在舱里。

"你是谁？"我问。

"我就是你，难道你没看清？"他的声音依旧尖细。

"这怎么可能？"我不相信。

"可能，太阳每隔100年才在这个小小的行星上空出现，只要阳光照射到宇尘上，我就会出现。好了，别想乱七八糟的东西了，还是继续复习你的数数歌吧！我很喜欢你的数数歌，很有趣！"他尖声细气地说着。

我愤愤不平地说道："第一，这不是数数歌，而是乘法口诀！

第二，你数得太快。我们还是踢足球吧！”

“踢足球就踢足球！”他同意了。

我摆好一个不大的球门，然后站在门前当守门员，他来射门。他很聪明，很快就学会了该怎么玩。我甚至连眼都没顾上眨一下，皮球就飞进了球门。

“喂，听好了，你可以趁我不备踢进去，但不能太快！”我说。

“这可不行！我干什么都快，自己根本控制不了。”他尖声说。

我把球踢出去，可瞬间又反弹回来射进了球门。短短几秒钟，他竟然连续射中了好几个球。我想不明白他的动作为什么那么快。

“现在，你来当守门员吧！”我说。

“不行。”他摇头，“我当守门的话，球万一碰到我，我会被撞碎的。难道你没看见吗，我是由宇尘构成的。”

“算了吧，你可真狡猾！”我有些不满。

“不是狡猾，我是宇尘。”他说。

忽然，他头上的天线逐渐暗了下来，他仿佛马上就要消失了，脸的轮廓都看不清了。

“太阳要落山了，我该走了。”话音刚落，他就与那光束一齐消失了。

我呆呆地跌坐在沙发上，如同坠入看不清的迷雾之中。这时，爸爸进了舱，他感到很诧异，舱里被弄得乱七八糟的。他十分仔细地观察了一会儿，然后问我：“宝贝，你怎么了？”我如梦初醒，赶忙向他问好，并迅速把舱内整理干净。

第二天一早，爸爸想带我飞到山顶上去看看，但我根本不想去。爸爸很纳闷，因为他知道乘航天器遨游太空是我一直期盼的事。他花了很长时间劝我别错过这难得的机会，但是我始终没有同意。

“太遗憾了，宝贝！太阳每隔100年才在这里出现一次，而且只能在每天早上很短的时间才会出现，我们很幸运，恰好在这个周期内来到这里，所以你不去开开眼界真是太可惜了。”爸爸摇头叹气地走了。

当阳光缓缓向舱里射来时，我一直坐在那里等着，期盼着。我想给“我”看看我心爱的玩具，所以我把所有玩具都摆了出来。

终于，宇尘光束透过舷窗开始慢慢向舱里延伸。

“你好！”“我”来了。他头顶上的天线闪着五彩的光芒。接着，伴随着呼啸声和尖叫声，他终于出现了。

“我来决定，先复习乘法口诀，然后玩足球！”他尖声说。

“好吧，不过你要先看看我的玩具，这些都是专门为你准备的。”我边说边把自己最喜欢的玩具——人造地球卫星模型拿给他看。

“你知道吗，正是它首次载着人类飞向太空的。”我说道。他用一只手小心翼翼地拿着模型仔细看了好久。

“你拿着玩吧，没关系！”我说。

“不行，不能用双手拿，否则模型会坏的。”说着，他双手拿起了一只玻璃杯，“你看！”那只杯子立刻变得粉碎。

我们踢了好长时间的足球，我继续当守门员。然后又复习了乘法口诀，我还教他玩了一些在地球上常玩的游戏。我还想用好吃的东西来款待他，于是拿出了樱桃果酱。

“你一定从来没吃过樱桃果酱，快来尝尝。”我热情地招呼他。

他小心地用一只手拿起果酱罐，然后接过我递过去的小勺，我猜他一定会爱上果酱的。

突然，他的周身变得通红，而且颜色越变越深，后来，竟变成了樱桃色。“天哪，你怎么变成樱桃色了！”我大笑着把他带到镜子前。

“是啊，真滑稽！”他对着镜子仔细地端详着自己，忽然又尖声细气地说，“我该走了！”

他再次站到宇尘光束中，随着一声“再见”，他又一次消失不见了，好像从没出现过，只不过，他刚才站过的地毯上留下了一片樱桃色的斑迹。

爸爸回来了，看到舱内不仅又被弄得乱七八糟的，而且地毯上还留有一大片的污迹，他生气地说道：“你这小家伙，看来我得把你送回去。”

“不要，爸爸。我会马上收拾好的，我保证！求你别把我送回去！我不能回去，你明白吗？现在有太阳，我有‘我’跟我做朋友。如果太阳消失了，‘我’也就消失了。‘我’，就是我，不对，不是我，只是‘我’头上有天线。”

爸爸惊呆了，他不住地摇着头说：“孩子，你一定是病了，去睡吧，我们明天再说。”

爸爸语气强硬，我知道，再跟他解释，尤其是说“我”的事已经毫无用处了。

第二天一早，爸爸就去请医生了。

阳光还没有照射进来，我呆呆地站在舷窗前。忽然，“我”出现了，仍然尖声细气，只是天线上闪着暗红色的光。

“出了什么事，你怎么这么早就来了？”我问。

“是你出了事。你要走了，所以我特意提早飞来告诉你。”他的语气充满了哀伤，稍微停顿了一下又说，“请你把第一颗人造地球卫星的模型送给我吧，你是我第一个来自地球的朋友。”然后，他小心地拿起卫星模型。

透过舷窗，我看见航天器已经飞到太空基地上，看来我和爸爸马上要飞回地球了。

“再见了，别难过，我知道我们再也没有机会见面了，我要把这个模型放在我们这个小星球的最高处。这个，送给你。”他说着在我手上放了一块热乎乎的小石头，是樱桃红的颜色，然后他就像出现时那样突然消失了。

顷刻间，泪水遮住了我的双眼。

医生仔细为我做了检查，结果并没有发现任何异常，只是建议我立刻返回地球，因为我不适应 α 星球的气候。

我回到了地球，妈妈非常高兴。我对她讲了在 α 星球结识了“我”的事，并把无论任何时候都热乎乎的小石头拿给她看。妈妈认真地听着，没有打断我的话，然后她拿起小石头仔细地看着，最后微笑着说：“好儿子，你真是个幻想家。”

发现“火焰空气”

[苏联] 依·尼查叶夫

药店里的学徒——卡尔·舍勒

在18世纪的后半叶，瑞典出了一个非常勤奋的青年药剂师——卡尔·舍勒。刚开始，他只是个学徒，后来升为实验员。他的老板们几乎每天都被他的勤奋所感动。

舍勒的工作主要是配制丸药、水药和膏药。不过，在做完老板布置的工作后，他总要多做一些。每天，他配完药后，都要找个没人的角落，或者坐在窗台边上，开始把化学物质捣碎、蒸发和蒸馏。他几乎日夜不离实验室。不仅如此，他还细致、耐心地研究那些古老的化学书籍——就连经验丰富的药剂师都觉得那些书是很难读懂的。所以，要不是他的实验有时会发生意外的爆炸，他的老板不知有多喜欢这位实验员呢！

他的手上总是带着被碱或酸烧伤的黑印，只要一闻到实验室里的浓烈气味，他就觉得高兴。就连硫黄燃烧后发出的刺鼻浓烟和硝酸发出的令人窒息的蒸气，他也不觉得厌烦。

有一次，舍勒准备了一种带点苦杏仁味儿的化合物，他闻了闻它的蒸气，想知道这到底是什么气味。接着，他又试着尝了尝它的滋味——那是一种特别辣的味道。像这类实验，现在恐怕没有哪个爱惜生命的人愿意去冒险做了。要知道，那种带苦杏仁味儿的化合物，就是现在我们常说的氢氰酸，那是一种著名的剧毒物质。所幸他只吞下了极少的一点。

当时，舍勒确实不知道这种物质的毒性有多强。可是，就算他猜到了这点，还是会忍不住尝一尝。对他来说，世上最大的快乐，就是发现人们以前从没见过的新物质，以及发现某种物质的新性质。所以，他总是用各种办法做实验，每一次做完，都坐立不安地等待实验的结果。

有一次，他给一个朋友写信说："一个研究者发现了他想找的东西，那个时刻是多么幸福呀！他的心情又是多么快乐呀！"

舍勒感受过很多次这样的幸福，但是一般来说，那都是他自个儿埋头苦干得到的。他从没进过中学和大学，也从没求人帮过自己。这一切都是他自己学来的，就连用到的简单仪器，也都是他自个儿用废旧的药罐、玻璃的曲颈甑和牛尿泡做成的。

他在14岁那年，被送到了包赫开设的药店去当学徒。19年后，他被瑞典科学院选为院士，当时他仍是外省一家药店的普通实验员，还跟少年时一样，仍把那点可怜薪水的大部分花在书籍和化学试剂上。

舍勒是个天生的化学家。就像现在的化学家一样，他总是一心想探索世界万物都是由什么组成的。

他想知道，人们常见的那些物质是由哪些最简单的东西或元素组成的。凭借多年的实验经验，他又相信，如果不能深刻了解火焰的真正性质，就没办法研究上述问题。因为，不用火、不加热就能进行的化学实验，真是极少的。

舍勒开始着手研究火焰的性质，但是没多久，他不得不思考一个问题：空气在燃烧中究竟起了什么作用？他看了许多古代化学家的著作，也读过一些关于研究这个问题的文章。

在舍勒之前的100年左右，英国化学家、物理学家波义耳等人曾经证明：蜡烛、煤炭这些能够燃烧的物体，只有在空气充足的地方才能够燃烧。

举个例子，如果把燃烧着的蜡烛扣上一个玻璃罩，那它烧不了多久就会熄灭。如果把罩内的空气都抽走，蜡烛立刻就灭了。反过来，如果用铁匠拉风箱的方法，给火焰送去大量的空气，它就会烧得更明亮。

可问题是，物体为什么会那么依赖空气呢？那时候没有一个人能解释这个问题。

为了弄清楚这个问题，舍勒找来各种各样的化学物质，把它们放在密闭的容器里进行实验。

他想："封闭容器中的空气，在分量上是固定的，而外面的东西又没办法钻进去。如果空气在燃烧中发生了什么变化，那么，这种变化在密闭容器里就会很容易被发现。"

当时的人们都认为空气是一种元素——任何力量都不能使它分解为几种单质。开始的时候，舍勒也是这么想的，但是他很快就抛弃了这种想法。

火为什么会灭？

一天夜里，舍勒坐在乌普萨拉城中的一家药店的实验室里进行实验。

药店里死一般的寂静。当最后一位顾客离开后，店门就关好了，老板也早已回屋睡觉了，药店里只有舍勒一个人仍然在兴致勃勃地守着那些烧瓶和曲颈甑。

他先从橱子中拿出一只装满水的大罐子，里面有一块黄色的蜡状物沉在罐底。在半明半暗的灯光下，水和蜡状物散发着一种神秘的淡绿色光芒。

那块蜡状物就是磷。对这种物质，化学家们只能把它保存在水中。如果放在空气里，它很快就会发生化学变化，改变性能。

舍勒拿着一把刀伸到罐里，却没把蜡状物捞出罐子，只在水中切下了一小块磷。他把这一小块磷取出来，压到空烧瓶中，塞上了瓶塞，就把烧瓶送到了一支燃烧着的蜡烛前。

烛焰的边缘刚刚接触到烧瓶，里面的磷立刻就熔化了，沿着瓶底摊了开来。只过了1秒钟，磷就爆发出一阵明亮的火焰，浓烟立刻在烧瓶里弥漫开来，没过多久，这些浓雾就附着在瓶壁上，就像一层白霜。

整个过程只用了一眨眼的工夫就完成了。磷烧尽后，立刻变成了干的磷酸。

这个实验让人印象深刻，但是舍勒似乎无动于衷。毕竟，让磷着火，观察它们怎么变成酸，舍勒已经做过很多次了。现在他感兴趣的可不是磷，而是另一件事：他想知道在磷燃烧时，烧瓶中的空气发生了哪些变化。

烧瓶刚凉下来，舍勒就把瓶颈朝下，浸入一盆水里，然后拔掉了瓶塞。这时发生了一件怪事：盆中的水从下到上涌进瓶中，填充了烧瓶大约五分之一的体积。

“又来了！”舍勒喃喃自语，“又有五分之一的空气消失了，剩下的地方被涌进来的水填满了……”

真奇怪！无论舍勒把什么东西放入密闭的容器中燃烧，总会看到同一种有趣的现象——在燃烧后，容器里的空气会减少五分之一左右。现在发生的也是这样的事情：磷烧完，磷酸全都留在烧瓶中；空气呢，却有一部分消失了。

烧瓶不是用塞子塞得严严实实的吗？瓶子中的空气是怎么溜掉的呢？就在这个烧瓶缓缓冷却的时候，舍勒安排好了另外一场实验。这次，他决定在密闭的容器里燃烧另一种易燃物——一种由酸溶解金属释放出的易燃气体。

制造这种易燃气体，只需要几分钟。舍勒拿出一些铁屑塞到一个小瓶中，又往铁屑上浇了些浓度较低的硫酸溶液。事先，他已经在一个软木塞上钻通了一个小洞，并且在这里插上了一根长长的玻璃管。现在，他塞在瓶口的就是这个带玻璃管的塞子。这时，瓶中的铁屑已经在吱吱作响了，酸也沸腾起来，冒出来一些泛着银光的气泡。

舍勒取来一支蜡烛，放到玻璃管上端附近，从管中冲出的气体立刻着了火，形成了一个非常尖细的、苍白色的火舌。

然后，舍勒把小瓶放到了一只盛着很深的水的玻璃缸中，用一只空烧瓶底朝天地盖在火舌上。他把烧瓶口插到了水里，这样一来，瓶外的空气就无法进入瓶中了，那气体所产生的苍白色火焰就在密封的空间中燃烧起来。

烧瓶刚罩到火焰上，玻璃缸里的水就开始从下往上涌入瓶中。

上面，气体在燃烧；下面，水在不断地往上升。水越升越高，气体燃烧的火焰也越来越暗。慢慢地，火焰终于熄灭了。

这时，舍勒看到了一个现象：涌入瓶中的水占了烧瓶体积的五分之一左右。

“好吧，”他想，“假定有某种我不知道的原因，气体也应该在燃烧过程中完全消失吧。但是，烧完的为什么只是一部分气体，而不是全部的气体呢？那些可燃的气体不是还有吗？难道不应该燃烧很久吗？看，那些铁屑还在嗞嗞作响呢，小瓶中的酸还沸腾着呢！现在，如果我拿掉烧瓶，把它拿出来，点燃那种气体，它肯定还会继续燃烧。那么，为什么在烧瓶里它就会熄灭呢？烧瓶中不是还剩了五分之四的空气吗？”

这几天，舍勒常常生出一种模糊的疑问，现在，这个疑问又在他脑海里闪现出来：

“这就意味着，瓶里剩下的空气，跟那五分之一在燃烧中从瓶里消失的空气，是完全不同的？”

这个念头一出现，舍勒立刻准备做几种新实验，来彻底检验一下自己的这个想法。但是看了看钟，他只能叹口气，停止了工作——这时已经是深夜了，他明天一早还得配药呢。

舍勒依依不舍地吹灭了蜡烛，离开了实验室。不过，空气有两种——这两种空气是不同的，这个想法再也没有离开他的脑海。但是，想着想着，他就睡着了。

“死空气”和“活空气”

第二天，刚配完药，舍勒就兴致勃勃地开始着手检验自己的新想法。

他翻阅自己以前的笔记，那上面记录了他开始研究火焰和燃烧以来的所有实验记录；然后，他又重新做了其中的几项实验。接着，对着烧瓶中任何一种物质燃烧后所剩下的空气，他开始专心地研究起来。

这种空气好像是死的，完全没用的。

不管什么东西，都不愿在这种空气里燃烧。蜡烛放进去会熄灭，就像有个隐形人把它吹灭了一样；烧红的炭也会冷却下来；燃烧着的细劈柴也会立刻熄灭，就像被水浇了一样；甚至非常容易燃烧的磷，在这种空气里也不肯燃烧；就连几只老鼠，被舍勒关进充满这种死空气的罐子里，也会立刻窒息而死。可是，这种死空气跟平常的空气一样，也是透明、无臭、无味的呀！

现在，舍勒总算证实了自己的想法。原来，四面八方围绕着我们的普通空气，可绝对不像人们曾经以为的那样，是一种什么元素。空气可不是一种单质，而是由两种完全不同的东西混合组成的。在这两种成分中，有一种能帮助物质燃烧，不过在燃烧后不知去向；另一种占的比例较大，对火却丝毫不起作用，在易燃物质燃烧后，它会毫无损失地保留下来。如果空气里只有这一种物质，世界上无论什么东西、在什么时候，都不会出现哪怕任何一个小火花了。

让舍勒更感兴趣的，当然不是空气中那些“死”的部分，而是那些“活”着的、在燃烧中不知去向的部分。

“我们能不能设法得到不掺‘无用空气’的那部分纯净空气呢？”他想。

他知道一定有办法。

他回忆起来，在实验中，自己曾经不止一次地看到，坩埚里用于制造黑火药的原料——硝石在熔化时，烟炱的细末每每飞过坩埚上空，都会突然着火。

他问自己，为什么这些细末在经过沸腾的硝石上空时，才会那么容易着火呢？是不是因为硝石中冒出的气体，恰好就是空气中能帮助燃烧的那一部分？

于是，在接下来的一段时间内，舍勒放下了一切别的实验，开始专心研究硝石。他熔化了硝石，把浓硫酸跟硝石混在一起捣碎，又和炭放在一起捣碎。

药店老板一边提心吊胆地看着他忙碌的身影，一边暗暗琢磨："会不会有一天，这个小伙子把我这间铺面跟他一起炸飞到空中呀？硝石跟火药本来就是近亲啊！"

但是，事态的发展完全出乎老板的意料。

有一次，药店老板正在向一位喜欢挑剔的顾客推销，说自己店中的芥子膏质量有多么好，舍勒却从实验室里冲了出来，手中摇着一只空瓶子喊道："火焰空气！火焰空气！"

"上帝！出什么事了？"老板也喊了起来。

舍勒平时一向很冷静，这点老板也知道。他现在这么激动，肯定是出什么大事了。

"火焰空气，"舍勒拍了拍空瓶子，又说了一遍，"走，来看看这件怪事。"

接着，他把惊讶的老板和顾客一起拉进了实验室里。他用一把勺子从炉子里舀出几块就要熄灭的煤炭，然后移开手中的瓶子盖，把炭扔了进去。

那几块炭竟然一齐迸发出强烈的火焰。

"是火焰空气！"舍勒扬扬得意地说。

老板和顾客都没说话，只是莫名其妙地对望了一眼。舍勒又找来一根细劈柴，把它点着，又立刻吹熄，接着把它塞到另一只盛着"火焰空气"的瓶子中。

这一次，那根几乎已经熄灭的劈柴又明亮地烧了起来。

“你这是在变什么魔术啊？”顾客感到莫名其妙，几乎不敢相信自己的眼睛，他含含糊糊地问，“那瓶子不是空的吗！”

舍勒想了想，解释说：“瓶里有气体，是‘火焰空气’。这是用蒸馏硝石的办法得到的。在我们身边的普通空气里，这种气体只占大概五分之一的体积。”

顾客眨眨眼睛，一点都听不懂。

老板严肃地说：“原谅我，舍勒，我觉得你好像完全在瞎扯。谁能相信，空气里除了空气本身外还有其他东西呢？难道我们谁还不知道，哪里的空气都是一样的吗？不过，你拿着细劈柴做的实验确实很好玩。你能再做一次给我们看看吗？”

舍勒轻而易举地又让即将熄灭的细劈柴发出了强烈的火光，但这还是不能让老板相信他的解释。

当时的人们，早已习惯把空气看成单一不变的四大元素之一，想让他们一下子改变想法是很困难的。

说句实话，舍勒验证出空气是由“无用空气”和“火焰空气”这两种截然不同的气体组成的，这连他自己也觉得奇怪呢！

其实，人们大可不必怀疑这件事了。现在，舍勒已经亲手用一份“硝石气”和四份“死空气”，人工制成了普通空气。在这些空气中，蜡烛像平常一样燃烧着，老鼠也平静地呼吸，就像处在围绕着我们的空气中一样。做完这些实验，谁都不会怀疑空气是由性质不同的两部分组成的了。

很快，舍勒就找到了制作纯“火焰空气”的最简单办法——加热硝石。他把干硝石放入一个玻璃曲颈甑中，又把甑移到火炉上烧。当硝石开始熔化时，他就把一个挤得很干的牛尿泡绑在甑颈上。眼看着牛尿泡一点点胀大，这是甑中溢出的“火焰空气”慢慢填满了它。接着，舍勒就熟练地把牛尿泡中的气体移到玻璃缸、玻璃杯、烧瓶等容器中，以备需要时使用。

舍勒还研究出其他几种制作“火焰空气”的方法，比如用水银的红色氧化物来做原料。但是，在所有方法中还是硝石法最实惠，所以舍勒更喜欢用这个方法。

他完全被这个新发现吸引住了。这段时间中，舍勒最大的快乐就是观察纯“火焰空气”中各种物体的燃烧现象。在这种气体中，各种物体燃烧得都很快，所发出的光也比在普通空气中亮得多。而在燃烧中，容器中的“火焰空气”却一点都没剩下。

舍勒发现，在盛满“火焰空气”的密闭烧瓶中燃烧磷时，这种现象特别明显，这时爆发出的火焰简直亮得刺眼。烧瓶冷却后，舍勒拿起它，打算把它放入水中，却突然听到一声巨响，震得他耳朵都要聋了。同时，他手中的烧瓶被炸成碎片，到处乱飞。

万幸的是，他没受伤，同时还能保持镇定。舍勒立刻意识到，真正的事故原因是：燃烧后所有的“火焰空气”都离开了烧瓶，瓶中出现了真空。在烧瓶外面的大气压力下，烧瓶就像空胡桃壳被铁钳夹碎一样四分五裂。

第二次做这个实验时，舍勒就更小心了。他拿了一只结实的烧瓶来放磷。烧瓶的瓶壁非常厚，可以经受住大气的压力。待磷烧尽、瓶子冷却后，舍勒把瓶口浸入水中，想观察瓶中的“火焰空气”还剩多少。令他惊讶的是，瓶塞无论如何都拔不出来了。显然，瓶子中形成了真空，空气发挥出惊人的力量，把瓶塞紧紧地压在了瓶颈中。既然无法拔出塞子，舍勒就把瓶塞推入瓶子——这很容易。立刻，盆中的水自下而上涌到瓶里，填满了整个瓶子。

这时，他才确信“火焰空气”会在燃烧中完全消失。

舍勒还曾经把鼻子凑到牛尿泡口上，吸了几口纯“火焰空气”试试。但是，他可没什么特别的感觉，就跟平常呼吸时一样。实际上，在“火焰空气”中呼吸当然要比在普通空气中呼吸更轻松。我们今天给重症病人呼吸这种气体，就是这个原理。不过，现在“火焰空气”可不叫这个名字了，它的正式名字是“氧气”。

不可捉摸的燃素

舍勒本想弄清楚火的本质，没想到却证明了空气不是一种元素，而是由两种气体组成的。他把这两种气体称为“火焰空气”和“无用空气”。这是舍勒最重要的发现之一。

但是，他达到自己最初的目的了吗？他弄清楚火的本质了吗？他弄明白燃烧是怎么回事，以及燃烧时物质会发生什么变化吗？

他认为自己都弄明白了，但实际上，火的秘密对他来说仍旧是个谜。这完全是“燃素学说”的罪过。在那个时候，化学界流传着一种学说：一种物质只有在它含有许多特殊的易燃物质——燃素时，才能燃烧。而关于燃素是什么，谁都说不清楚。有人认为燃素是一种气体；又有人说，燃素既看不见也无法分离，它只能跟别的物质永远结合在一起。

确实，有几位科学家曾经宣布自己析出了纯净的燃素，但是后来他们又产生了疑惑，只好向大家宣布：“对不起，我们之前认定的纯燃素那种东西，实际上完全不是燃素。”

人们不知道燃素是不是跟其他的物质一样，有重量或没有重量。燃素仿佛是一种不可捉摸、没有形体的幽灵。不过，在那个时代，所有化学家都对它的存在深信不疑。

这种奇怪的信念是从哪儿来的呢？

无论谁观察火焰，首先都会看到燃烧的物体被破坏了，消失了。就像有某种东西离开了燃烧物，跟火焰一起离开了，只剩下一堆灰烬、碎屑或酸。燃烧仿佛会把某种幽灵似的、不可捉摸的“火精”从物质中赶出去，所以也就破坏了那种物质。

所以，人们才会认为燃烧就是把物质分解为火的元素——燃素和其他成分。

煤燃烧的时候，化学家说：“煤中的燃素全跑到了空气中，只留下了一些灰烬。”

磷发出明亮的火焰后，变成了干的磷酸，他们的解释是：磷被重新分解成了它的组成部分——燃素和磷酸。

甚至金属被烧红或者受潮生锈，化学家也说这是燃素在作怪：“燃素跑掉了，所以闪亮的金属消失了，只留下锈和金属屑。”利用燃素学说，17世纪的科学家似乎解释了许多种复杂的自然现象和工业技术现象，貌似解释得还挺合理。燃素学说在很长的一段时期中，都帮助过化学家进行研究，因此化学家也就对这一学说深信不疑。

舍勒也是这个学说的拥护者，他一次次地在自己的实验中思考燃素发生了什么样的变化。

舍勒刚发现“火焰空气”时，就断定说 ：“‘火焰空气’特别喜欢燃素。它时刻准备拿走任何一种易燃物质中的燃素。所以，那些物质才能在这种空气里迅速燃烧。”

那“无用空气”呢？它却不喜欢跟燃素结合，所以无论什么物质燃烧出的火，到了这种空气里，都得熄灭。

这看起来好像非常合乎情理，但仍然有很多问题无法解释。你可以回忆一下，舍勒见到“火焰空气”在燃烧中从密闭的容器里消失后曾经十分惊讶。无论是不是跟燃素在一起，反正“火焰空气”

都一定消失不见。

那么，它究竟跑到哪里去了呢？它是怎么从密闭的容器中逃走的呢？舍勒绞尽脑汁，终于得出了一种答案：一种物体在燃烧时，它析出的燃素会跟“火焰空气”生成一种化合物，而这种未知的化合物非常容易挥发，甚至能悄悄地渗透玻璃……这简直就像童话中的幽灵能穿过墙壁一样……

你看吧，过分地相信燃素学说，让舍勒产生了多么荒诞的想法。其实，舍勒只要肯在烧瓶里仔细找一找，就一定会发现“火焰空气”的去向。不过，这需要舍勒先得放弃燃素学说。然而，舍勒虽然很有才华，但还是没有做到。

燃素学说是在18世纪，由一个伟大的法国化学家拉瓦锡彻底推翻的。燃素学说一垮台，“火焰空气”神秘失踪和许多无法解释的其他现象，立刻就不再神秘了。

拉瓦锡和他的盟友

“火焰空气”是由三位科学家，几乎在同一时期发现的。

其中舍勒发现得最早。一两年后，对舍勒的工作毫不知情的英国自然科学家普里斯特利也发现了“火焰空气”，他还发现了二氧化碳等气体。

没过几个月，拉瓦锡听说普里斯特利发现了一种气体，能让蜡烛明亮地燃烧。他根据这点提示，也独立地发现了空气的组成。

但是，这三人中，只有拉瓦锡对“火焰空气”的真正功能做出了正确的分析。

原来，在工作中，拉瓦锡有个杰出的盟友帮助了他。

舍勒和普里斯特利当然也有这样的盟友，可惜他们既没有经常请教它，也没有重视它的劝告。这个盟友就是天平。

在做实验前，拉瓦锡总要把那些原料仔细称一称，待实验结束后，再称一称。

他常常一边称，一边想："这种物质失去了一些重量，那种物质却重了点儿。也就是说，有某种东西离开了第一种物质，转移到了第二种物质中。"

天平给拉瓦锡解释了燃烧的真正性质，还告诉他"火焰空气"燃烧后去了哪里。

天平告诉他哪些物质是复合而成的，哪些是单一的。除了这些，拉瓦锡还在天平的帮助下弄明白了许多事。

跟舍勒一样，拉瓦锡也曾经在密封的烧瓶中燃烧磷。不过，那五分之一的空气真的消失了吗？在研究这个疑问时，拉瓦锡没有迷失方向，因为他的盟友——天平给了他十分精确的回答。

拉瓦锡在燃烧磷之前把磷块称过一次。当磷烧完后，他又称了称烧瓶中剩下的干磷酸。

你猜猜，哪一种物质的分量会更重些呢？是磷，还是燃烧后由磷得来的磷酸？

舍勒和当时所有的化学家一样，没看天平就肯定地说："当然是磷重，因为磷在燃烧中被摧毁了，它失掉了一部分燃素。退一步说，假设燃素毫无重量，磷酸也会跟产生它的磷一样重。"

事实却不是如此。天平宣布：燃烧后的磷酸比燃烧前的磷更重。这太令人不可思议了：就好比水壶中的水流掉了，水壶却更重了。谁要相信这些，岂不是荒谬绝伦吗！

那么，磷酸多出来的重量是从哪儿来的呢？

"是从空气中来的！"拉瓦锡说，"大家曾经以为从烧瓶中失踪的那一部分空气，其实并没有消失，也没有跑出瓶子，它只是在燃烧过程中跟磷化合在了一起。而磷酸，当然就是磷和这种气体的化合物。”

看吧，“火焰空气”的神秘失踪现象就这样被简简单单地讲明白了！一个谜题破解了，其他的谜题当然就不成问题了。

拉瓦锡明白，磷的燃烧并不是个例外。他指出，在每次实验中，无论是一种物体燃烧，还是一种金属生锈，其实都在发生类似的变化。

他做过这样一个实验：

把一块锡放在容器中，然后把容器封严，不让任何外面的东西跑进去。接着，他拿来一面大型放大镜，让炽热的太阳光穿过放大镜射到锡块上。锡受热后开始熔化，渐渐地生锈，最后变成了疏松的灰白色粉末。

容器里的锡以及空气，拉瓦锡早都称过了。当一切结束后，他又把剩下的空气和锡末称了一次。

结果如何呢？锡末增加的重量，正好等于空气失掉的重量。

外面的任何一种物质都跑不到那个盛锡的容器中，只有阳光能进去。所以容器中除了空气和锡，并没有其他东西。但是，锡变成粉末后，比以前更重了。

在这个实验中，谁还能否认那灰白色的锡灰是由锡和空气的一种成分——“火焰空气”或叫作“活空气”——化合而成的呢？

在装满了“活空气”的密封容器中，拉瓦锡又燃烧了一些最纯净的木炭。木炭烧完后，容器中仿佛什么都没剩下，只有极少的——少到刚刚能觉察到——一撮灰。

但是，天平提出了另一种说法。它指出：容器中的空气变得更重了，并且，空气增加的重量，正好跟木炭烧掉后失去的重量相等。可以看出，木炭在燃烧后并不是消失得无影无踪，而是跟“活空气”一起生成了一种新的化合物——一种分量比较重的气体，拉瓦锡把它叫作碳酸或碳酸气。

拉瓦锡开始详细地讲述自己做过的实验，并跟大家分享自己的想法，不料刚开始几乎受到了所有化学家的抨击。

“什么？！”他们说，“你觉得物体燃烧或金属生锈后，它们并没有被摧毁，也没有分解成自己的成分，反而还把‘活空气’跟自己结合在一起了？”

“一点儿没错！”

他们说：“按照你的说法，燃烧中根本没有燃素的作用了，这怎么成呢？”

“我不知道什么燃素，”拉瓦锡说，“而且我从来没有见过它。我的盟友天平从未告诉过我物质中有燃素存在。我用纯净的易燃物，比如磷、纯金属锡等，放进密封的容器中燃烧。在这些容器中，除了‘活空气’以外什么都没有。燃烧后，易燃物跟‘活空气’都不见了，却会出现一种新物质，比如干的磷酸或锡粉。我称了称这些新物质，得出一个结论，它们的重量正好等于易燃物和‘活空气’加在一起的重量。做了这么多的实验，看了这么多的结论，我相信每个有头脑的人都只能得出一条结论：燃烧时，物质跟‘活空气’可以化合成一种新物质。这就跟2+2=4一样一目了然。那么，燃素跟这些有什么关系呢？不提它的话，问题倒很清楚；提起它来，事情反而没有头绪了。”

拉瓦锡的这段话，在化学界引发了一场暴风雨。

化学家们早已经习惯承认燃素的存在，现在忽然有人宣布它压根儿不存在，对这个180度的转弯，他们真的不肯立刻转过来。而且，燃烧后的物质不仅没被毁灭和分解，反而把“活空气”跟自己结合到一起，他们觉得这个结论十分荒诞。火具有很大的毁灭力，这难道不是每个人从小就知道的吗？

所以，在最初的时候，他们对拉瓦锡加以嘲笑。后来，他们就指责他在工作中有漏洞，不是指责他的实验方法不正确，就是挑剔他的天平不准。

但是不管怎样，事实就是事实。拉瓦锡不断地对燃素学说提出各种反驳，这些反驳一个比一个新鲜，一个比一个更有说服力。他又提出了许多每个人都能检验的事实，来证明他的想法是正确的。

最后，那些燃素学说的忠实拥护者在如山的铁证下开始动摇了，并且一步步地后退。但是，仍有很多化学家尝试用许多不同的方法来调和新发现和燃素学说之间的矛盾。为了这个目的，他们提出了许多复杂的理论，还捏造了数十种极难令人相信的假说。

随着时间的推移，拉瓦锡的观点还是占了上风。燃素学说的拥护者纷纷丢盔卸甲，心服口服地宣布：“我们无法否认明摆在眼前的事实，拉瓦锡确实是对的。”

到了18世纪末，燃素学说终于被赶出了化学的大门，从此一去不复返。

创世卓越 荣誉出品
Trust Joy Trust Quality

图书在版编目(CIP)数据

文学大师给你讲科普故事. 奥秘卷 / 龚勋主编. —杭州：浙江科学技术出版社，2015.1
ISBN 978-7-5341-6322-7

Ⅰ. ①文… Ⅱ. ①龚… Ⅲ. ①科学知识—普及读物 Ⅳ. ①Z228

中国版本图书馆CIP数据核字（2014）第262303号

书　　名　文学大师给你讲科普故事　奥秘卷
总 策 划　邢　涛
主　　编　龚　勋

出版发行　浙江科学技术出版社
杭州市体育场路347号　邮政编码：310006
办公室电话：0571-85176593
销售部电话：0571-85176040
网　　址：www.zkpress.com
E-mail：zkpress@zkpress.com
设计制作　北京创世卓越文化有限公司
印　　刷　北京赛文印刷有限公司

开　　本	720×975　1/16	印　　张	12
字　　数	140 000		
版　　次	2015年1月第1版	印　　次	2015年1月第1次印刷
书　　号	ISBN 978-7-5341-6322-7	定　　价	25.00元

责任编辑　胡　水　杜宇洁　**责任校对**　赵　艳　**责任印务**　田　文